W0472201

# CHAÎNES DE LIBERTÉ

Pier Luigi Maccalli

# CHAÎNES DE LIBERTÉ

## *Prisonnier au Sahel*

MÉDIASPAUL

Conception graphique de la couverture : *Béatrice Basteau.*

Photo de la couverture : *Michelangelo Nufi.*

© Médiaspaul 2022

Médiaspaul Éditions
48 rue du Four
75006 Paris
editeur@mediaspaul.fr
www.mediaspaul.fr
www.mediaspaul.ca

ISBN : 978-2-7122-1619-1

Pour le Canada :

Bayard Novalis Distribution
4475 rue Frontenac
Montréal, QC, H2H 2S2
www.bayardcanada.ca

*Imprimé en France*

*À ma famille*
*qui a toujours*
*attendu*
*persévéré*
*et cru*

*&*

*à ceux qui ont*
*espéré*
*prié*
*et œuvré*
*pour ma libération*

## Chaînes – Silence – Prière[1]

Trois mots-clés
un lien profond
en la personne du père Gigi

Les pieds toujours enchaînés la nuit
quand l'esprit
médite et s'interroge

Un poids
pour ne pas oublier
que tu es prisonnier

L'immensité du silence
le désert
qui parle seul avec le ciel

Le ciel noir et étoilé
enveloppe et se courbe
vers le sable glacial

Le jour
les chaînes retirées
pour marcher

Au repos
ont
un son glacial

Dans le cœur
souffrance
tristesse

Monte la prière silencieuse
parfois un cri
pour soulager la pression

Chaînes
Silence
Prière

C'est Gigi

---

[1] Poème écrit par Anna Moretti après avoir écouté le témoignage du père Gigi à la Fête SMA (Société des Missions Africaines) de Gênes le 26 juin 2021.

# PRÉFACE

## *Les mains cramponnées au ciel*

Le grand-père tenait son petit-fils par la main et lui montrait les solides arbres de l'allée.

> – Regarde les arbres comme ils travaillent ! Les racines se frayent un chemin dans la terre et les branchent se frayent un chemin dans le ciel. Dans les deux cas c'est un travail difficile !
> – *Mais, grand-père, c'est plus difficile pour les racines de pénétrer dans la terre que pour les branches de monter vers le ciel* !
> – Eh non, mon enfant. S'il en était ainsi, les branches seraient bien droites. Regarde au contraire comme elles sont tordues et déformées par l'effort. Elles cherchent et ont du mal. Elles font d'épuisantes tentatives, plus que les racines.
> – *Mais qui leur fait faire tout cet effort ?*
> – C'est le vent. Le vent voudrait séparer le ciel de la terre. Mais les arbres tiennent bon. Pour l'instant, ce sont eux qui gagnent.

Tel est peut-être le difficile travail de la foi : tenir le ciel attaché à la terre !

Gigi m'avait remis une feuille sur laquelle était imprimé ce récit simple et dense. Je l'avais oublié pendant des années, jusqu'à l'unique veillée de prière à laquelle j'ai pu participer non loin de son village natal. Je me rappelle avoir cité ce texte en commentant le sentiment de l'absurde absence de Gigi, que j'étais allé accueillir à l'aéroport Diori Hamani de Niamey quelques jours avant son enlèvement.

C'est l'image qui m'est revenue à l'esprit, quand d'une traite j'ai parcouru son « Carnet de prison ». Vivre avec lui les sentiments, les peurs, les silences, le cri de Job, les attentes et surtout, la grande question qui l'accompagne pendant plus de deux ans de captivité dans le désert de sable et de roches. Le « pourquoi » de cette souffrance imprévue et inouïe, qui pour lui, depuis toujours favorable à l'approche non-violente et partisan scrupuleux du dialogue avec tous, était comme une blessure impossible à cicatriser. La contradiction entre une réalité de violence armée, qui s'articule en conjuguant la religion, Dieu, l'autre comme « non-personne » et le profond et insondable silence de Dieu. Un Dieu pour lequel et avec lequel Gigi a choisi de jouer sa vie comme missionnaire « du plus profond de son cœur », qui ne parle pas, ne donne pas signe de vie et semble d'autant plus absent qu'il aurait dû intervenir pour montrer qui et où il était.

C'était précisément cela que le Dieu de Gigi, celui d'Abraham, d'Isaac, de Jacob et de Jésus de Nazareth, sans le lui dire clairement, lui demandait avec témérité : tenir le ciel attaché à la terre ! Car dans la foi, c'est de cela dont il s'agit, et de rien d'autre. Tenir ciel et terre attachés, ce qui signifie lier ensemble misère humaine et gloire, trahisons et pardon, lumière et ténèbres, mensonge et vérité, désespoir et espérance… Tel est l'irremplaçable devoir de la foi. La mission des « justes », qui sauvent le monde de la perdition du non-sens lié aux injustices perpétrées par les puissants, qui depuis toujours semblent dominer l'aventure humaine. Tenir le ciel et la terre attachés, comme les branches tordues, parce que s'attacher au ciel est plus difficile que s'attacher à la terre, telle est la mission que Gigi a vécue pendant ses deux années de captivité dans le désert. En réalité, ce travail avait commencé bien avant, et lui-même, dans son texte intense, le rappelle : la mission avec les pauvres l'a évangélisé et donc « humanisé », le préparant à ce qu'il n'aurait jamais soupçonné ce soir du 17 septembre dans « son » Bomoanga.

Ici aussi, dans le diocèse de Niamey comme ailleurs en Italie, nous cherchions à être fidèles au souvenir mensuel de son enlèvement, le 17 de chaque mois. Par des prières, des témoignages et des symboles de paix. Je me rappelle en particulier une prière interconfessionnelle, célébrée dans la communauté Sainte Monique de la ville de Niamey, où l'on vécut un moment fort de « dialogue priant » en présence de plusieurs chefs musulmans. Pendant deux ans, derrière un oubli apparent, on a perçu au contraire comme une « chape de tristesse », surtout dans les communautés qui avaient le mieux connu Gigi, et naturellement chez ses confrères SMA du Niger.

Ce fut pendant la dernière assemblée diocésaine annuelle, en octobre 2020, que la nouvelle de sa libération fit exulter de joie les participants et toutes les communautés chrétiennes du diocèse. Comme un jour de Pâques, réalisé et incarné dans le sable du Sahel. Je voudrais conclure en remerciant Gigi pour tout ce qu'il a vécu, médité, contemplé et partagé, et lui dédier quelques lignes tirées du message reçu d'un ami qui s'occupe d'un site web et auquel j'envoie mes « post » hebdomadaires depuis le Sahel… *Un merci sincère pour ce que tu continues à nous raconter avec tant de ténacité. Pour une fois, je voudrais vraiment te dire ceci : maintenir ce lien vivant avec une terre aussi lointaine que celle où tu vis fait du bien au cœur et à la tête, c'est toujours comme plonger une main dans le sable chaud et avoir les yeux fixés sur les étoiles. Un plaisir aussi simple que précieux.*

Gigi a eu les mains et pieds dans le sable mais n'a jamais oublié de regarder les étoiles.

Père Mauro Armanino,
responsable des missionnaires SMA au Niger

***Une prière enracinée dans la terre***

Le soir du 17 septembre 2018, je m'étais tranquillement endormi dans mon lit, à la Maison Généralice de la SMA à Rome. À minuit passé, la sonnerie du téléphone placé sur ma table de nuit me réveilla en sursaut. Après quelques instants d'incertitude, je reconnus la voix du P. Désiré, responsable SMA au Bénin et au Niger : *Ils ont pris le P. Gigi à Bomoanga.* Cette nuit de panique et d'impuissance a été le début d'une longue attente, qui pour moi n'a pris fin que tard dans l'après-midi du vendredi 9 octobre 2020, dans l'imposant palais du Ministère des Affaires Étrangères de la Farnesina. Sa sœur Clementina et son beau-frère Daniele, qui venaient d'arriver de Crema, étaient allés à sa rencontre au quatrième étage, siège de l'unité de crise. Quand ils sont ensuite descendus ensemble dans la salle d'attente, j'ai enfin pu le serrer longuement dans mes bras, ce que les masques et la distanciation contre le Covid n'ont pu empêcher.

Les pages de ce livre racontent à la première personne les vingt-cinq mois qu'il a vécus comme prisonnier, à l'ombre d'arbres épineux, au milieu des dunes de sable et des anfractuosités de roches torturées par le soleil. C'est comme si l'on assistait au monologue d'un artiste qui occupe toute la scène et qui fascine son public par le caractère dramatique de son récit. J'ai pu revivre avec lui les angoisses, les découvertes, les souffrances, les questions, les prières de ces longues, très longues semaines. En voici un exemple, de fin avril 2019 : *Plus j'y pense et plus je peine à trouver un sens à tout ce temps gâché à ne rien faire. Avril arrive à son terme et sincèrement je ne réussis pas à trouver une signification logique et cohérente à cette longue, triste et amère captivité. Quel sens a-t-elle ? Pourquoi rien ni personne ne me libère de ce non-sens qui angoisse mon cœur suspendu dans le vide ? La dimension spatio-temporelle est virtuelle, l'horizon est infini et les étoiles sont là à regarder.*

À la différence du P. Gigi, j'ai vécu ce scénario depuis l'autre rive, du côté de ceux qui sont d'abord restés pétrifiés par la nouvelle, puis qui ont découvert, mois après mois, que la petite flamme de l'espoir d'un retour n'était pas encore éteinte et qu'elle continuait à brûler sous la cendre.

Le drame du P. Gigi a été le manque absolu de communication. Une chape de verre est descendue sur lui et l'a isolé de toutes les relations humaines préexistantes. Il écrit à un certain moment : *Quel coup au cœur ont reçu mes frères à la nouvelle de mon enlèvement ! L'impossibilité de communiquer avec eux me pèse énormément...* Et dans un autre passage : *Ce qui me fait beaucoup souffrir est de penser constamment à ma famille, aux communautés et à tous ceux qui souffrent pour moi et avec moi, et je souffre avec eux. Voilà plusieurs mois qu'ils n'ont plus aucune nouvelle de ma part, et peut-être désespèrent-ils de me revoir vivant.*

Cette souffrance nous rappelle à tous ce qui est au cœur de l'expérience humaine : nous avons besoin de communiquer, de dire et de nous dire ; de recevoir des nouvelles et de réagir. Cela vaut naturellement aussi pour nous qui étions à l'extérieur de cette chape sous laquelle le missionnaire de Bomoanga semblait avoir disparu.

Pourquoi l'ont-ils enlevé ? Qui l'a enlevé ? Que veulent-ils ? Des questions qui m'ont souvent été adressées, et auxquelles le lecteur attentif trouvera des réponses dans les notes de ce journal et dans les réflexions de ce livre. Je voudrais ici exprimer toute ma reconnaissance au P. Gigi pour l'avoir composé ces derniers mois, en rassemblant et en intégrant ses notes, écrites pendant sa captivité, qu'il a dû cacher sur lui avant sa libération.

De nombreuses pages sont consacrées à la prière, à son contenu et aux façons dont elle s'est exprimée dans le silence, dans la solitude, dans l'émerveillement face aux spectacles de la nature dans le désert. On en trouve des expressions sincères, profondes, belles et stimulantes. Parmi celles-ci, nombreuses, je voudrais rappeler celles qui concernent l'Eucharistie : *Depuis désormais dix-neuf mois je jeûne d'Eucharistie, mais je continue à célébrer la messe sur l'autel du désert. Le regard tourné vers l'infini de sable, ma messe, c'est simplement s'arrêter sur une page d'Évangile, donner de l'ampleur à la prière universelle et redire les paroles de la consécration : Ceci est mon corps offert. Ceci est mon corps brisé. Je n'ai rien d'autre à t'offrir, Seigneur. Je termine par le Notre Père et par ma bénédiction de paix et de fraternité universelle sur le monde et sur l'Afrique.* J'étais aux côtés du P. Gigi le samedi 10 octobre 2020 quand, après plus de deux ans, il a de nouveau célébré l'Eucharistie avec la communauté de la Maison Généralice de la SMA. Même dans la simplicité, je saisissais la solennité d'un moment qu'il me sera difficile d'oublier.

Il faudrait écrire un livre parallèle pour raconter comment cette interminable période d'attente a été vécue par ceux qui priaient pour sa libération. La liste serait trop longue ici, au point qu'il ne sera jamais possible de tous les nommer : son frère le P. Walter, sa famille, la communauté de Madignano – son village natal, le diocèse de Crema, son église d'adoption de Niamey au Niger, avec l'évêque M^gr^ Laurent Lompo, les communautés de Bomoanga et les villages auxquels il a été arraché, ses confrères de la Société des Missions Africaines et les sœurs missionnaires de Notre-Dame des Apôtres, présents dans plus de 30 pays de tous les continents, de nombreux monastères cloîtrés et enfin les très nombreuses personnes, communautés et groupes qui ont prié pour lui. Des plus méconnus jusqu'au pape François, qui plusieurs fois s'en est souvenu officiellement. Je pense à ce que disent les Actes des Apôtres quand Pierre a été mis en prison par Hérode : *une prière monte incessamment à Dieu de l'Église pour lui* (Actes 12, 5).

Nous ne connaissons pas les plans de la Providence, mais plus d'une fois, j'ai pensé que le P. Gigi reviendrait parmi nous sain et sauf, ne serait-ce qu'en raison de la quantité et de la qualité des prières montées au ciel pour sa libération. Personnellement, je voudrais aussi mentionner la prière faite sur la tombe de la petite Miriam Dawa, une fillette de 13 ans, de Bomoanga, que le P. Gigi avait réussi à envoyer à l'hôpital du Bambino Gèsù de Rome en novembre 2017, dans l'espoir qu'une opération au cœur pourrait la sauver. En réalité, la maladie n'était pas celle à laquelle on pensait et Dawa n'a pas été sauvée. Nous l'avons enterrée à Rome, au cimetière de Prima Porta. Trois ans plus tard, le P. Gigi enfin libre a voulu s'arrêter et s'agenouiller sur sa tombe.

Le 3 octobre 2020, le pape François a signé à Assise la lettre encyclique *Fratelli tutti*. Un mois après, le 9 novembre, il a reçu le P. Gigi en audience privée et j'ai eu le privilège de l'accompagner. Le P. Gigi a entre autres raconté au Pape un épisode qui est décrit dans les dernières pages de ce livre. Il s'agit de son dernier et très bref dialogue avec Abou Naser tandis que celui-ci le conduisait en voiture au lieu de sa libération : *J'ai aussi un message pour toi, Abou Naser. Je le vois surpris et il s'exclame : – Vraiment ? Que veux-tu me dire ? Je prends mon souffle et dis d'une traite : – Que Dieu nous donne un jour de comprendre que nous sommes tous frères. Il a comme un sursaut et lève les mains du volant : – Non, non ! Le frère, pour moi, c'est seulement le musulman ! Je m'abstiens de répliquer et je garde le silence*. Le pape François a écouté le P. Gigi avec beaucoup d'attention et a mentionné le document sur la fraternité universelle cosigné par Ahmed El-Tayeb, Grand Imam de l'Université Al-Azhar, le 4 février 2019 à Abou Dhabi. Il a poursuivi en soulignant que si la fraternité universelle est la réalité la plus vraie de notre humanité, les forces du mal sont activement à l'œuvre pour nous empêcher d'avancer en ce sens. On découvrira dans ce livre les épisodes vécus par le P. Gigi avec ses jeunes ravisseurs djihadistes et ses réflexions au sujet de cette lutte, où abonde la contradiction qui veut empêcher la fraternité, mais où surabonde la grâce qui nous fait espérer.

Pendant que le père Gigi traversait peut-être la période la plus difficile de son séjour au Sahara, c'est-à-dire au printemps 2019, sa famille missionnaire, la Société des Missions Africaines, célébrait l'Assemblée générale avec une cinquantaine de participants de toutes les nations où elle est présente. Un grand poster arborant son visage se dressait sur le mur de la salle de l'assemblée. Son absence/présence a été fortement remarquée. Il nous a rappelé que notre vie de missionnaires, où que nous soyons, est déjà donnée. C'est précisément la conviction qu'expriment les premiers mots du testament de Christian de Chergé, moine et prieur du monastère trappiste de Tibhirine, à mon avis l'un des textes spirituels les plus élevés de ces derniers siècles : *S'il m'arrivait un jour (et ce pourrait être aujourd'hui) d'être victime du terrorisme qui semble désormais vouloir menacer tous les étrangers qui vivent en Algérie, je voudrais que ma communauté, mon Église, ma famille se rappellent que ma vie était donnée à Dieu et à ce pays.*

Le P. Gigi a commencé son ministère en 1986 en Côte d'Ivoire où il a été à deux reprises : d'abord à Bondoukou et ensuite à Bouna. Il a été en outre animateur missionnaire et formateur en Italie, avant d'arriver au Niger. C'est un missionnaire entreprenant et créatif, très proche des malades et des plus abandonnés. Je repense à sa très grande joie et à sa satisfaction le jour de l'inauguration de la nouvelle église de Bomoanga, consacrée à l'Esprit Saint, conçue et construite avec de nombreuses références et symboles de la culture Gourmantché. Où le P. Gigi a-t-il été le plus missionnaire ? Pendant ses dix ans de mission en Côte d'Ivoire ? Dans le difficile contexte de l'Italie ? Pendant ses onze années à Bomoanga ? Ou pendant ces deux ans de captivité et d'impuissance ?

Plus d'une fois le P. Gigi s'est interrogé sur le sens de ces deux années apparemment « perdues », au seuil de sa soixantième année de vie. Au cours de ses réflexions, il ébauche une réponse qui se reflète dans le titre de ce livre : *Si ce temps s'achève par ma libération, il ouvrira la porte d'entrée de mon troisième âge. Espérons que ce sera celui de la sagesse, certainement celui d'un homme neuf avec un cœur neuf. Il pourrait marquer aussi ce que pour le moment je ne vois qu'en germe, à savoir une nouvelle vocation : libéré pour libérer et proposer à tous une Parole qui libère et rend la vie belle.*

Je souhaite aux lecteurs et lectrices d'entrer en profondeur dans le drame raconté dans ces pages. Puisse ce journal-témoignage aider chacun à entrer dans la même expérience que le P. Pier Luigi Maccalli : être libéré pour libérer et proposer à tous une Parole qui libère et qui rend la vie belle.

*Père Antonio Porcellato*
Supérieur général
de la Société des Missions Africaines

# 1.
# PAROLES DANS LE VENT

Comme une feuille emportée par le vent puis entraînée dans un tourbillon, je me retrouve perdu je ne sais où. Autour de moi, il n'y a que des dunes et un silence assourdissant... de la part de Dieu aussi. Je suis prisonnier du Sahara, le grand désert tout en sable, soleil, étoiles. Perdu dans mes pensées, je cherche dans le vide la réponse à mes nombreuses questions. Un refrain[1] résonne en moi : « La réponse, mon ami, souffle dans le vent. »

Tout commence le soir du 17 septembre 2018. Après le dîner, je me retrouve comme d'habitude à mon bureau, pour jeter un coup d'œil à mon courrier électronique et préparer quelques mots sur les lectures de la messe du lendemain matin. Tout est calme à la mission de Bomoanga, une petite localité du sud-ouest du Niger à environ 60 kilomètres de la frontière avec le Burkina Faso et 125 de la capitale Niamey.

Le village compte un peu plus de 800 habitants. La plupart sont de l'ethnie *gourmantché*, mais il y a aussi un quartier *peul*. La population se consacre à l'élevage et à l'agriculture. Les familles vivent en harmonie dans le respect des us et coutumes locales et des croyances qu'elles professent. La religion

[1] *The answer, my friend, is blowing in the wind*, de Bob Dylan (Blowin' in the wind, 1963).

traditionnelle et l'islam sont les plus pratiquées même si, ces derniers temps, de nombreux jeunes s'orientent vers la foi chrétienne (catholique et protestante).

Mon confrère s'est retiré dans sa chambre et se repose ; depuis hier soir il souffre du paludisme et n'a même pas dîné. Il est 21 h 30 passées et je suis déjà en pyjama.

Je suis de retour en mission depuis une semaine à peine, après avoir passé deux mois de congés en Italie. Dimanche 16 septembre 2018, j'ai célébré la messe avec la communauté de Bomoanga, et ensemble nous avons salué la jeune sœur qui, après seulement une année de présence parmi nous, nous quitte pour un autre engagement au Burkina Faso. Sa jeunesse et son dynamisme ont fait beaucoup de bien aux jeunes qui sont venus nombreux, des trois villages limitrophes, pour participer à ce moment de salutations. Ils ont préparé des chants et des danses en son honneur. C'est la fête liturgique de la Sainte Croix ; de nombreux symboles et gestes impliquent toute la communauté.

Après l'homélie, j'ai invité tous les jeunes à laisser un signe sur le poster de la croix qui a parlé à saint François d'Assise : c'est notre cadeau-souvenir pour la jeune sœur qui s'apprête à partir. Tandis que les nombreux enfants défilent, j'accueille deux nouveau-nés par le rite dit de l'*entrée en église*[2]. Les parents me rejoignent à l'autel et je demande aux deux papas d'annoncer publiquement le nom choisi pour chacun d'eux. Après avoir proclamé les nouveaux noms

---

[2] Simple rite d'accueil inspiré d'une tradition locale en usage aussi chez les musulmans, au cours de laquelle on donne officiellement son nom au nouveau-né.

chrétiens, les mamans respectives me les amènent pour que je les accueille officiellement et les présente à l'assemblée. Tous les ovationnent par de retentissants applaudissements et avec les *yiigimi* traditionnels, cris d'acclamation typiques des femmes *gourmantché* de cette région. Je trace ensuite le signe de la croix sur le front de chaque bébé avec l'huile des catéchumènes. Les femmes et les anciens de la communauté concluent le bref rite d'accueil par des bénédictions et des vœux de bonne santé et de bonheur adressés aux nouveau-nés et à leurs parents.

Après la messe, nous nous sommes retrouvés pour le repas communautaire, égayé de chants et de danses. Tard dans l'après-midi, j'ai accompagné en voiture la sœur avec ses bagages à Makalondi, d'où elle repartira le lendemain en autobus pour sa nouvelle mission d'enseignante au Burkina Faso, dans une école élémentaire gérée par les sœurs de sa communauté.

Rien ne laissait présager ce qui se préparait dans l'ombre. Mais après coup, quand je réfléchis au milieu des dunes du Sahara, deux épisodes me viennent à l'esprit, qui pourraient être lus comme les signes prémonitoires d'un malheur.

Le premier concerne la brusque interruption de toute communication. Quelques jours avant, j'avais écrit à mon confrère Silvano[3] qu'il m'était impossible de le contacter sur les fréquences radioamateurs, comme nous avions l'habitude de le faire chaque matin après le petit-déjeuner. J'avais constaté, à mon retour des vacances, que le fil de l'antenne était coupé, et je lui annonçais que je n'avais pas l'intention de réparer la liaison radio. WhatsApp est plus

[3] Père Silvano Galli, SMA, en mission à Kolowaré au Togo.

rapide et plus efficace, même à Bomoanga. Depuis la Pentecôte 2016 en effet, le village dispose d'une antenne-répéteur de 80 mètres qui permet une bonne liaison Internet. Silvano m'invitait à bien réfléchir. Si je suspendais définitivement l'ancienne liaison radio, lui aussi démonterait la sienne. À ce jour, nous restions les deux seuls, parmi les missionnaires SMA, à communiquer par ce moyen.

Le second signe date de quelques heures avant l'enlèvement et présage la solitude. Le soir du lundi 17 septembre 2018, je suis à l'église, très en avance pour la messe de 18 h 30. Après un temps de prière personnelle, je me prépare pour la célébration. Je note avec surprise que personne ne se présente pour la messe, pas même mes habituels collaborateurs. L'absence de mon confrère prêtre est justifiée puisqu'il souffre du paludisme. Je présume que les sœurs sont absentes en raison de leur réunion de communauté à Makalondi, comme c'est le cas de temps en temps. L'animateur du centre paroissial m'avait informé qu'il ferait un tour au marché et reviendrait sans doute tardivement. Quant à la responsable du Centre nutritionnel, j'ai vu qu'elle s'occupait des nouveau-nés souffrant de malnutrition. Je commence donc la messe dans la solitude. En onze années de présence à Bomoanga, c'est la première fois qu'il m'arrive de célébrer sans aucun fidèle. J'espère qu'au moins un retardataire se présentera pour que nous concluions ensemble l'Eucharistie. Je suis entré seul dans l'église et seul j'en sors.

### *La nuit de l'enlèvement*

Après la messe, je m'assieds à table. Le cuisinier Michel a préparé le dîner que j'absorbe dans le silence du soir ; immédiatement après, je me retire dans ma chambre. Tout ce calme allait se transformer en tempête. Cela me fait encore mal de repenser à cette soirée...

Je me rappelle avoir passé deux appels téléphoniques. Le premier à une sœur qui partait le lendemain pour l'Inde assister aux funérailles de sa mère. Elle me remercie pour mes condoléances et me rappelle d'accompagner à l'aéroport de Niamey la petite Christine[4], du village d'Ipaadi. Celle-ci doit se rendre en France lundi 24 septembre pour subir une opération cardiaque urgente, afin de corriger une malformation de naissance. Je rassure la sœur en lui disant que je m'en occuperai personnellement. Avec les sœurs de Mère Térésa de Calcutta, qui tiennent un hôpital dans le quartier de Saga dans la capitale, j'ai depuis des années une belle collaboration. Je leur envoie régulièrement les cas difficiles de nouveau-nés victimes de malnutrition et d'adultes souffrant de pathologies variées (dont le SIDA) nécessitant des thérapies médicales appropriées. Les sœurs assurent à tous des soins gratuits, avec un *plus* d'amour et de compétence professionnelle.

Le second contact est un *chat* avec mon neveu Nicola pour un problème de gestion de l'ordinateur. Ce soir, il m'assure qu'il m'enverra une mise à jour du *software*, pour un bon fonctionnement de l'imprimante. Tandis que nous nous mettons

[4] En juin 2018 je leur avais confié deux nouveau-nés de la paroisse de Bomoanga ayant des problèmes cardiaques : Christine et Honorine. Les sœurs avaient organisé leur transfert en France pour l'opération grâce à l'aide d'une ONG française. Le voyage de l'espérance devait avoir lieu le 24 septembre pour Christine et le 8 octobre pour Honorine.

d'accord, j'entends des bruits étranges de l'autre côté de la fenêtre de mon bureau. Je demande en français puis en *gourmantchéma*[5] : « Qui est là ? » Aucune réponse. Je pense d'abord à un animal puis, les bruits étranges se répétant, je décide de me lever pour aller voir : c'est moi, en effet, qui m'occupe de nuit du dépôt-pharmacie, et il arrive parfois que certaines personnes, ne connaissant pas la mission, en cherchent l'accès derrière la maison.

À peine ai-je franchi la porte de la maison que j'éclaire la nuit de ma lampe-torche et vois à ma droite plusieurs personnes qui pointent sur moi trois fusils. Je sursaute, laisse échapper un cri violent et suis aussitôt encerclé. Après quelques instants d'agitation et de désordre, trois coups d'armes à feu explosent en l'air et je me retrouve avec les mains liées derrière le dos.

L'un des assaillants hurle en *gourmantchéma* : *Lighi !*, ce qui signifie « l'argent ». Pensant à des voleurs, je rentre dans la maison suivi par le groupe. Je leur indique mon petit sac avec mon portefeuille. Ils prennent tout ce qu'ils y trouvent et dispersent par terre les papiers de la voiture. Je leur assure que c'est tout ce que j'ai chez moi. Ils ouvrent la valise-chapelle[6] et en vident le contenu. Ils prennent aussi le sac avec le vidéoprojecteur portatif. Passant par mon bureau, l'un d'eux saisit mon téléphone portable, qui est sur ma table de travail, et le jette au sol. Je continue à penser qu'il s'agit d'un vol à main armée. Pendant ce temps, ils me poussent dehors et me bousculent pour que je marche devant eux.

---

[5] Langue locale du peuple *gourmantché.*

[6] Petite valise dans laquelle est rangé tout le nécessaire pour la célébration de la messe dans les villages.

Je suis en pyjama et en pantoufles. Nous nous éloignons du village, sans qu'ils se soucient de mes requêtes : j'imagine qu'ils veulent couvrir leur fuite. Ils sont déterminés. Je note que le groupe est composé de six ou sept hommes, mais que d'autres sont postés dans les parages. J'ai mal aux poignets à cause du lacet trop serré et m'en plains. Lors d'une pause, ils me lient les mains non plus derrière le dos mais devant. Tout autour règne un grand silence. Je suis assis par terre, un fusil menaçant pointé sur moi. Ils m'intiment l'ordre de ne pas bouger. Plusieurs motos sont prêtes, mais… on attend.

Trois autres arrivent. Ils me font monter derrière, enlèvent mes lunettes et me bandent les yeux. On part en direction des villages de Jayeli-Ngoula, mais non par la piste ordinaire. Je cherche à regarder à travers le bandeau, mais je ne réussis pas à reconnaître les endroits que nous traversons. On emprunte des sentiers secondaires et on coupe parmi des champs en friche. Nous traversons aussi des lieux entièrement inondés. Le voyage se poursuit. Après environ une dizaine de kilomètres, un des hommes descend de la moto et disparaît dans la nuit éclairée par la lune presque pleine.

Lors d'une pause, ils me donnent à boire de l'eau d'un bidon venant d'être rempli à une pompe. Nous nous trouvons probablement dans les parages du village de Balguidi, peut-être à Nakiluomo. Peu après, nous traversons un bras du fleuve Gourbi sur une pirogue avec laquelle ils font plusieurs allers-retours pour transporter les personnes et le matériel. L'une des motos, au moment où ils la font descendre, tombe complètement dans l'eau. Je reconnais la motocyclette des sœurs et en déduis que certains sont allés chez elles pour les voler. Je m'inquiète de ce qui a pu arriver. J'espère en mon cœur que les voleurs ne les ont pas trouvées chez elles. Je devine que les trois coups de fusils tirés en l'air au moment de ma capture étaient sans doute un signal pour l'autre groupe. Comme pour leur dire : « Nous l'avons pris, dépêchez-vous. »

Pendant le trajet, ils me mettent une veste sur les épaules. Le temps de la traversée en pirogue, je réussis à me libérer les poignets et à enfiler la veste par les manches. Une fois tous sur l'autre rive, on se repose un peu, tandis que deux d'entre eux démontent le carburateur de la motocyclette tombée dans l'eau. En peu de temps, ils réussissent à la remettre en marche. On repart, mais sans précipitation, ils agissent avec beaucoup de calme.

Aux premières lueurs du jour, ils s'arrêtent à nouveau pour la *salat al-fajr*, la première prière musulmane du matin. L'un d'eux reste de garde auprès de moi et prie après les autres. Nous venons de dépasser le village de Toula ; il m'a semblé reconnaître la petite chapelle de branchages dans laquelle j'ai célébré plusieurs fois la messe. Je regarde autour de moi pour voir si je peux fuir et me réfugier dans la cour d'une maison du village qui ne devrait pas être très loin. Mais je suis trop surveillé. En tout, ils sont une dizaine avec six motos.

Mais que m'arrive-t-il ? Que s'est-il donc passé dans mon petit « paradis perdu » ? C'est ainsi que je définissais la mission de Bomoanga à ceux qui m'interrogeaient sur cet endroit reculé, et même introuvable sur Google Maps. Au petit matin, nous arrivons à la cachette du groupe. Nous sommes certainement au Burkina Faso, au milieu des buissons et arbustes de la savane. D'autres hommes armés nous accueillent. Ils me font aussitôt descendre de la moto, je m'étends à terre et fonds en larmes. Ces pleurs libérateurs sont chargés de nombreuses questions.

Aucun ne parle français. Ils sont tous d'ethnie *peul*, mais l'un deux connaît un peu de *gourmantchéma*. Je leur demande qui ils sont : « Appelle-nous terroristes ou djihadistes, ça ira », me répond celui qui semble être le chef. À mon tour, je précise que je ne suis ni français, ni américain, mais italien, que depuis onze ans je vis au Niger et que je suis ami de nombreux musulmans. Mon nom *gourmantché* est Untaani, qui signifie « Dieu-fait-l'unité » et mon nom italien est Pier Luigi Maccalli.

## *La première semaine*

Le repaire est animé par plus d'une vingtaine de personnes qui vont et viennent. Ils m'offrent un pantalon, de quoi manger et à boire. Le rituel traditionnel du thé vert ne manque pas, comme c'est la coutume chez les *peuls* – connus aussi sous le nom de *fulani* – une population nomade, qui vit principalement d'élevage. Pour la nuit ils me donnent une natte, une moustiquaire et une toile de plastique noire en cas de pluie menaçante à l'horizon. Je dors à la belle étoile.

Le troisième jour, nous changeons d'endroit, un petit déplacement de quelques kilomètres. Pendant la journée, ils m'installent à l'ombre d'arbustes sur lesquels ils étendent une toile pour m'abriter du soleil. Je ne le savais pas encore, mais pendant les deux années suivantes, je vivrai ainsi, toujours au grand air, jamais dans une tente ou dans une maison de paysan. Aujourd'hui, entre demi-vérités et nombreux mensonges, ils m'assurent qu'ils me libéreront bientôt, mais que nous devons d'abord passer voir le chef. Ils me répètent en tout cas, dans leur piètre français : « Pas de problème ! »

Le quatrième jour, à l'approche du soir, ils m'apportent un casque à visière et des gants. Nous nous remettons en route. Je suis escorté par cinq hommes armés et nous partons sur trois motos. Nous arrivons de nuit à un fleuve que nous traversons sur une pirogue. Le chef de l'expédition paye le passeur puis revient en arrière, tandis que les trois *moudjahidin* armés et moi-même passons sur l'autre rive. Nous laissons un gros village de chercheurs d'or, qu'ici ils appellent Cfa[7], et nous poursuivons vers le nord du Burkina Faso, par des sentiers hors-piste et en évitant toujours de nous approcher des habitations.

Après une journée de voyage, nous traversons une route goudronnée. Je me dis que ce doit être l'axe routier Dori-Téra[8], à la frontière entre le Burkina Faso et le Niger. Nous continuons à travers des champs de mil et des prairies inégales. Le soir, j'ai le dos en morceaux, je suis épuisé physiquement et vidé à cause de la tension nerveuse. Personnellement, je n'aime pas utiliser la moto comme moyen de transport, et me voilà à la merci de quelqu'un qui file comme un fou. Nous risquons plusieurs fois de tomber et je me vois déjà avec quelque chose de cassé. Les dérapages sur le sable sont inévitables, même si je dois reconnaître que le conducteur est habile et sûr de lui. Depuis que j'ai été enlevé, c'est toujours lui qui me prend en selle.

---

[7] En référence au franc Cfa, c'est-à-dire à un lieu où on gagne de l'argent.

[8] Route qui relie ces deux villes frontalières : Dori au Burkina Faso et Téra au Niger.

C'est un jeune *peul* imberbe, au visage d'ange et à la voix efféminée, mais au regard glacial. C'est lui le chef de l'enlèvement et je dois représenter pour lui un gros gibier.

Nous traversons des lieux solitaires et accidentés. De temps en temps, ils s'informent pour être sûrs de la direction. Le mot-clé que je réussis à saisir est « Beli », je ne sais s'il s'agit d'une localité ou si c'est le nom d'un fleuve. Mais c'est là que nous nous dirigeons.

Le soir du samedi 22 septembre, nous nous arrêtons le long d'un fleuve peu profond, que nous avons traversé à pied. Nous passons la nuit dans un campement de pasteurs *peul*, en compagnie de leur troupeau de vaches. Par la pensée, je rejoins l'ordination du jeune prêtre Simon Fiogbé, qui se déroule à la cathédrale de Niamey et à laquelle j'aurais dû participer. Le lendemain, nous arrivons enfin à ce que j'imagine être le camp de base du chef qui a organisé le kidnapping. Je me sens perdu, triste et impuissant face à ce qui m'arrive.

Un nouveau groupe d'hommes armés arrive en soirée. Plusieurs motocyclettes et une moto cargo pick-up à trois roues. Je vois descendre du coffre deux hommes couverts de poussière, venant probablement d'être capturés. Il s'agit d'un blanc sud-africain et d'un jeune indien de 25 ans dont j'oublie aussitôt le nom[9]. Tous les deux font partie de l'équipe de direction d'une mine d'or dans le nord du Burkina Faso. Ils ont été enlevés par un groupe de *coupeurs de routes*, un terme générique pour désigner les bandits

[9] Christopher Bothma et Vikram Akoliya sont membres de la direction de la mine d'or d'Inata au Burkina Faso.

de grand chemin, tandis qu'ils voyageaient vers la petite ville de Djibo. Ils ne parlent qu'anglais. L'un des *moudjahidin* me demande en français de leur servir d'interprète. Le message est le suivant : « Le chef dit de rester calme, tout va s'arranger. » J'en profite pour l'interroger sur mon cas. Il me répond d'un ton sûr : « Tu es le religieux du Niger. » Je demande à pouvoir téléphoner. Il me dit qu'il transmettra au chef ; lui n'est qu'un messager.

Vu qu'il s'agit de deux dirigeants d'une société d'extraction d'or, je suppose qu'ils seront vite libérés en échange d'une rançon. Je les prie alors de ne pas oublier de téléphoner à l'ambassadeur italien du Niger pour l'informer que je suis vivant et prisonnier des djihadistes au Burkina Faso. Après deux jours et deux nuits ensemble, ils nous séparent. Ils me remettent en selle sur la moto de mon ravisseur. Le *moudjahidin* qui parlait *gourmantchéma*, quant à lui, est parti un peu avant avec son compagnon, pour retourner sur ses pas. Ils m'ont escorté jusqu'à ce repaire, leur mission est terminée.

## *Trophée de guerre*

Un nouveau motocycliste nous sert de guide ; toujours en direction du nord. Je crains qu'ils ne me conduisent au Mali. Je suis découragé. Les possibilités de fuite semblent s'évanouir définitivement. Trop surveillé, trop de fusils autour de moi. Et puis, je ne sais plus m'orienter.

C'est un voyage de plusieurs jours, avec un soleil cuisant qui cogne sur la tête, malgré le casque. Nous ne suivons pas les pistes, mais des parcours de troupeaux et de pasteurs ; nous traversons des étangs, des marais, de vastes étendues de savane. Nous faisons des pauses pour manger et des arrêts nocturnes pour dormir. Je suis surpris de voir qu'à chaque étape nous rencontrons toujours de nouveaux *moudjahidin*, qui surgissent à l'improviste avec de la nourriture prête ou de l'eau. Tout est programmé par téléphone arabe et coups de fil signalant notre position à des hommes armés, qui apparaissent et disparaissent à notre passage.

À la frontière entre le Burkina Faso et le Mali, un important groupe d'hommes armés nous attend. Parmi eux, un enfant me regarde avec des yeux curieux et interrogateurs : âgé tout au plus d'une douzaine d'années, il est vêtu exactement comme un militaire, avec une tenue de camouflage et une kalachnikov à l'épaule.

Nous nous déplaçons surtout de nuit, ou tôt le matin. Nous fonçons à motos, le long de montagnes anguleuses qui me rappellent des documentaires sur le Mali. À un certain moment, nous nous faufilons dans une petite vallée et traversons perpendiculairement la chaîne de montagnes. À ma droite, une cime pointue qui ressemble à une dent de chien, et à gauche une montagne plate, comme si elle avait été taillée horizontalement avec une absolue précision.

Un soir, tard, nous remontons un grand fleuve à bord d'une pirogue à moteur ; on voyage toute la nuit. Au matin, un nouveau groupe de quatre hommes nous attend non loin de la rive. Fatigué, je me repose à l'ombre d'un arbre, tandis qu'à côté de moi ils tuent une brebis et puis la cuisinent sur le feu. Je suis le premier à être servi : du foie cuit à la braise.

Nous repartons après deux nuits et arrivons à un point où le fleuve est si large qu'il ressemble à un lac. Une autre grande pirogue à moteur nous attend ; ils chargent les motos et les équipements et me font asseoir au milieu, sous un toit de branchages en forme de cylindre qui m'abrite du soleil et des regards inopportuns. Pendant l'un des brefs arrêts, ils achètent pour moi des biscuits et de l'eau dans des sachets de plastique transparents scellés. Des villages accèdent aux rives du lac et des pirogues transportent toute sorte de matériel et de marchandises.

La traversée se poursuit, on continue à descendre et à remonter sur des embarcations. Nous faisons quelques kilomètres en motos et plusieurs fois, nous répétons l'opération d'embarquement et de débarquement sur des pirogues de plus en plus légères et adaptées aux bas-fonds. Un habile rameur est debout à la poupe comme les gondoliers expérimentés de Venise, et alterne entre une pagaie et un long bâton avec lequel il pousse l'embarcation quand le fond n'est pas très profond.

Nous atteignons enfin un village. C'est l'après-midi du 4 octobre. Je remarque une haute antenne, un répéteur téléphonique avec une lumière rouge au sommet. Non loin de là, il y a une voiture Toyota pick-up avec une vingtaine d'hommes armés qui m'attendent. Je demande à celui qui semble être le chef de pouvoir téléphoner à ma famille. C'est la seule requête que j'ai toujours formulée et qui a toujours été rejetée. Cette fois encore, je n'ai pas de chance. Sans tarder, ils me mettent dans la voiture et me bandent les yeux.

De nombreux *moudjahidin* suivent en moto et bourdonnent comme des abeilles autour de la voiture. Ils hurlent *Allah Akbar*, « Dieu est grand », en levant triomphants leurs fusils vers le ciel. Ils rivalisent pour s'approcher de la fenêtre et voir le trophée de guerre que je représente. Je suis « l'ennemi public » qu'ils vouent aux gémonies. J'éprouve une grande honte ; je suis affligé et prostré.

Nous voyageons jusqu'au soir ; après le coucher du soleil nous avançons dans l'obscurité, allumant de temps en temps les phares pour mieux distinguer le chemin. Arrivés enfin à la base, je m'effondre à terre, épuisé, et je sombre dans un sommeil agité. Tout près de moi, un enfant-soldat, à peine adolescent, veille sur moi, une kalachnikov en main.

## *Enchaîné*

Je rembobine le film du voyage : une longue route et de nombreux lieux traversés ; des couchers de soleil de feu et des aurores dignes d'un poster. Mais mes yeux ne sont pas libres d'en conserver tout l'enchantement. Je vois plutôt le film d'une Afrique en noir et blanc, dans laquelle les beaux paysages en couleurs ne sont que des toiles de fond estompées, tandis que la tension sert de trame à tous les événements vécus. Pourquoi, Seigneur ? Je prie et j'implore chaque jour son aide. Je suis épuisé. Dès que je pense à mes frères et à ma famille, je fonds en larmes.

Une date est gravée dans mon cœur : le soir du 5 octobre 2018, quand je suis enchaîné pour la première fois. Une chaîne d'un peu plus d'un mètre entoure ma cheville, tandis que l'autre bout est attaché au tronc d'un petit arbre ; deux solides cadenas fermés à la clenche garantissent mon immobilité. Je suis désentravé des chaînes seulement pour satisfaire mes besoins physiologiques. Mais dans ce cas, je suis accompagné par deux jeunes armés qui assurent une étroite surveillance. Toujours ! Pendant 22 jours, et autant de nuits, je suis gardé enchaîné dans ce repaire, caché entre arbustes et arbrisseaux qui me protègent du soleil. Quelle tristesse !

Mon surveillant principal parle un peu français. Je cherche à engager avec lui de petites conversations. Je lui raconte ce que je faisais au Niger : puits, pharmacie, école, aide à ceux qui souffrent de malnutrition... Il m'écoute, mais quand il prend la parole c'est pour répéter sa thèse habituelle : « Le bien que tu as fait ne te servira à rien si tu ne deviens pas musulman. Seule l'adhésion à l'islam sauve du feu éternel. »

Quand je lui parle, j'évite volontairement toute référence à la religion, mais pour lui c'est une idée fixe ! Un jour il m'offre du thé. J'accepte volontiers et dis en le sirotant : « C'est le thé de l'amitié. » Je le vois surpris, mais il reste silencieux. Après un instant il précise : « Entre toi et moi il n'y a pas d'amitié, parce que tu n'es pas musulman. » Et le voilà reparti, avec sa tirade habituelle, jusqu'à affirmer que si son père ou un frère de sang décidaient un jour d'abandonner l'islam, il serait prêt à les tuer, ou en tout cas, ne pourrait plus les respecter comme père ou comme frère.

Ce n'est bien sûr pas à partir de ces personnes que l'on doit juger l'islam, et je me refuse à le faire. Je connais plusieurs musulmans que je respecte et apprécie pour leur religiosité sincère et avec lesquels je partage une vraie amitié. Il faut aussi dire que la tradition nigérienne de l'islam est plutôt modérée, étant l'émanation des confréries soufies. L'islam, on le sait, n'est pas monolithique ; il suffit de rappeler les deux principaux courants qui se sont constitués immédiatement après la mort du prophète Mohammed : les sunnites d'une part et les chiites de l'autre. Cette dernière décennie, au Niger comme dans les pays limitrophes, s'est affirmée, particulièrement chez les jeunes, une dérive plus radicale, d'empreinte arabo-*wahabite* avec des ascendances salafistes. C'est de là que viennent les groupes les plus fanatiques et fondamentalistes. Au Niger, ils sont appelés « barbus » ou encore « pantalons sautés », en raison de leur façon de s'habiller, et ils sont apparentés aux *izala* du proche Nigeria, qui prêchent un islam plus « pur » et plus « zélé » dans les coutumes et dans la doctrine.

Dans ce nouveau repaire, pendant 22 jours la récitation à haute voix du Coran m'accompagne, comme c'est l'usage dans les écoles coraniques. Dans les intervalles, mes ravisseurs manipulent les armes, qui sont démontées pièce par pièce, soigneusement nettoyées avec du gazole, puis remontées. En les regardant, je m'inquiète à la pensée de voir partir un coup inattendu. Mourir par erreur serait une triste fin, comme ce fut le cas pour saint Charles de Foucauld[10], qui fut tué de manière hâtive à Tamanrasset en Algérie par le jeune gardien qui le gardait prisonnier. Parfois, dans le lointain, j'entends des coups de feu. Ce sont des exercices de tir, auxquels ces jeunes *peul*, apprentis terroristes, se soumettent avec le mirage de devenir des héros du *djihad*.

Je supporte des insultes permanentes et la pire nourriture, mais je refuse de manger et de boire le jour où ils m'apportent une casserole de prétendues spaghettis absolument immangeables et de

---

[10] A. Mandonico, *Mio Dio come sei buono*, Cité du Vatican, Libreria Editrice Vaticana, p. 271.

l'eau jaunâtre. À la suite d'un léger mal d'estomac, que j'attribue à l'eau sale, ils se convainquent de m'apporter deux bidons jaunes de 25 litres chacun d'eau potable provenant d'un puits, ainsi que je l'ai demandé. Ils me donnent aussi une couverture pour me protéger du froid nocturne. Ce sont des jours tristes et amers. Mon cerveau fonctionne à plein régime, faisant de véritables gymkhanas entre de nombreuses questions sans réponses.

Mais c'est justement dans cette épreuve des chaînes que mon esprit se libère. Car si mes pieds sont entravés, mon cœur ne l'est pas. Je pense à l'expression du fondateur[11] de la SMA – Être missionnaire du fond du cœur –, qui prend un sens nouveau maintenant que je suis un prisonnier enchaîné. Si je ne peux aller librement sur les pistes et dans les villages annoncer la Bonne Nouvelle, la mission et l'Évangile ne sont pas pour autant bloqués. La mission naît du cœur de Dieu et il continue à la conduire à travers le temps et l'histoire. Nombreux sont les apôtres et les saints qui ont subi cette épreuve, à commencer par l'apôtre Pierre. C'est d'ailleurs à « Saint-Pierre-aux-Liens » qu'est dédiée l'église de mon village d'origine. Les yeux fermés, je revois la fresque de l'abside de l'église de Madignano, sur laquelle est représentée la scène de sa libération. Dans cette souffrance qu'est la captivité, j'ai le vif sentiment d'être son « enfant ». Depuis ce jour, l'invocation à « Saint Pierre enchaîné » fait partie de ma prière quotidienne.

Mon cœur est libre et ma prière aussi. Je prierai pour tous, comme sainte Thérèse de Lisieux. Du

---

[11] L'évêque français Melchior de Marion Brésillac fonde la Société des Missions Africaines le 8 décembre 1856 au sanctuaire marial Notre-Dame de Fourvière à Lyon.

plus profond de mon être, j'inonderai de prières les périphéries du monde, de l'Afrique et de la mission. Chaque jour, je récite le chapelet avec des intentions pour tous. Je prie Marie pour qu'elle délie les nœuds, je lui confie toutes les personnes et situations qui occupent mon esprit et je célèbre la messe en communion avec les communautés chrétiennes des villages de Bomoanga, qui, chaque dimanche, se rassemblent dans les chapelles et dans les églises pour la liturgie de la Parole ou pour rompre le pain de l'Eucharistie. Je récite de mémoire l'ordinaire de la Messe, autant que possible, et je médite un extrait de l'Évangile que je choisis pour l'occasion. Je suis sans Bible, sans bréviaire, mais non sans Dieu. Je répète les paroles de la consécration : « Ceci est mon corps », et j'offre moi-même et mon cœur brisé en sacrifice pour tous.

Dans l'espace intérieur de ma solitude, je repense aux événements qui ont profondément bouleversé ma vie. Il me semble avoir été catapulté au milieu d'un jeu cruel. Autour de moi il y a des enfants et des jeunes qui manient de vraies armes et qui veulent jouer à la guerre sans en connaître toutes les implications. Et je me dis : « Espérons que je me tire d'affaire[12]. » Les moments de découragement et d'espérance alternent : pourrai-je m'en sortir vivant ?

La chaîne qui me serre la cheville me rappelle une image vue dans le livre *Grégoire*[13], qui m'a été offert par mon confrère et ami Lionello Melchiori. Ce livre est resté sur la table de nuit de ma chambre, à Madignano. C'est le dernier texte que j'ai lu avec

---

[12] Film de 1992 dirigé par Lina Wertmüller et interprété par Paolo Villaggio, tiré du livre éponyme de Marcello D'Orta (Mondadori, 1992).

[13] R. Casadei, *Grégoire, quando la fede spezza le catene*, Emi 2018.

intérêt, avant mon retour au Niger. Je connais personnellement Grégoire Ahongbonon depuis les années où j'étais missionnaire en Côte d'Ivoire. Je lui avais confié deux jeunes de la mission de Bouna (nord-est de la Côte d'Ivoire) souffrant de troubles psychologiques. En Afrique, il est pour tous « l'ange des fous » en raison de son engagement en faveur des malades mentaux, celui qui sait redonner de la dignité et une vie nouvelle à ceux qui sont enchaînés par la maladie, les stigmates ou la peur. Y aura-t-il un ange libérateur pour moi aussi ?

Je ne suis pas un prisonnier de guerre, mais un otage. Habituellement, les cas comme le mien se résolvent par la négociation d'une rançon. Le risque d'être tué est très grand les premiers jours, quand tout est agité et que les esprits sont nerveux. Mais plus le temps passe, plus grandit l'espoir d'en sortir vivant. Je me tranquillise à l'aide de ces pensées, en espérant qu'un événement imprévu ne viendra pas compromettre cette « règle » non écrite.

### *Au Sahara*

Le 25 octobre, un visage connu réapparaît : c'est le visage d'ange, à la voix efféminée et au regard de glace, qui m'a enlevé et amené jusqu'ici. Je lui parle en français, sur un ton de reproche. Je l'accuse de tout, mais il reste de marbre ; d'ailleurs il ne comprend pas le français. Il me fait comprendre à l'aide de gestes et de quelques mots que je repartirai en voiture avec des Arabes pour faire une vidéo avec demande de rançon. Je ne serai libéré qu'ensuite. Je reçois le message, mais n'y crois pas. Il m'a dit trop de mensonges pendant tout ce temps.

Le lendemain arrivent trois Arabes, et au début de l'après-midi, nous partons vers le nord. Après le coucher de soleil, nous arrivons au milieu des dunes de sable et je passe ma première nuit dans le Sahara. Ils rejettent ma demande de dormir sans chaînes. Dès qu'il fait jour, très tôt dans la matinée, nous repartons. Après quelques heures, nous arrivons à une tente. La toile blanche la camoufle bien parmi les dunes de sable blanc. Il y a une douzaine de *moudjahidin,* qui se saluent et s'embrassent. Une brebis est égorgée et sa chair distribuée. Nous reprenons le chemin et à peu de distance, ils m'ordonnent de m'asseoir près d'un arbuste sur lequel ils tendent une couverture pour me protéger du soleil.

Le repas terminé, la voiture qui m'a accompagné jusque-là s'en va avec deux hommes à bord ; je reste en compagnie des trois plus jeunes. Ils reviennent vers le coucher du soleil avec un nouveau passager. Après les salutations rituelles, le nouveau venu me lance : *Bonjour, comment ça va* ? et me parle dans un bon français. Il se présente comme intermédiaire désigné et m'annonce que l'Italie demande une preuve que je suis en vie. Dans ce but, il fera demain matin une vidéo dans laquelle je devrai m'adresser au gouvernement italien ainsi qu'au Pape. Il ajoute que je peux dire ce que je veux. J'exprime alors mon désir d'adresser d'abord quelques mots à ma famille et il accepte.

Dimanche 28 octobre, je suis enfin « libre » de me lever tôt, au sens où cette nuit, ils ne m'ont pas enchaîné. Je peux m'éloigner pour faire un brin de toilette tranquillement, avant l'aube. L'intermédiaire vient ensuite me saluer et m'invite à me préparer pour la vidéo. Il m'écrit sur la page d'un cahier le nom du groupe qui revendique mon enlèvement : le Groupe de soutien à l'islam et aux musulmans (GSIM)[14].

Ils ont tendu une toile noire sur le côté de la voiture pour servir de fond à l'enregistrement. Je suis invité à m'agenouiller puis à m'asseoir sur mes talons. J'ai en face de moi un appareil photographique, et derrière, plusieurs *moudjahidin* servent de spectateurs. Je dis que je souhaite saluer ma famille en premier lieu et on fait un essai, microphones éteints. Le « cameraman » me fait remarquer que je dois commencer par me présenter, puis préciser la date du jour, 28 octobre 2018. Ensuite, il me demande de retirer mes lunettes parce que les verres reflètent l'environnement.

En écoutant l'enregistrement, je fonds en larmes. La pensée de ma famille découvrant cette vidéo m'attriste énormément.

L'intermédiaire termine son travail avec quelques clichés photographiques et repart en m'assurant qu'il reviendra d'ici quelques jours et m'apportera un livre : *L'Évangile de Barnabé*. L'Église catholique – explique-t-il – ne le reconnaît pas comme authentique parce qu'il est très proche du Coran. Le livre promis ne m'est jamais parvenu et je n'ai jamais revu cet homme.

J'ai appris par lui que sous le sigle GSIM se rassemblaient des groupes de djihadistes issus d'Al-Qaïda au Maghreb islamique (AQMI). Depuis 2017, cette nouvelle appellation a fédéré divers groupes sur une base ethnique, en particulier *fulani*, Arabes et Touareg. Tout en agissant de façon autonome, ils

---

[14] *Nassaratu Islam wa Muslimins* est un groupe qui s'est formé en 2017, appartenant à la galaxie d'Al-Qaïda.

se reconnaissent sous la direction d'un chef unique en la personne de Yad Aghali. Ils partagent la même idéologie qu'Al-Qaïda et trouvent dans la religion islamique la même inspiration fondamentaliste, mais leurs domaines d'action et leurs objectifs spécifiques sont différents. Les *fulani* opèrent principalement dans le Sahel, au sud du Mali et au nord du Burkina Faso, même si, dernièrement, il semble qu'ils aient fait tache d'huile dans toute la région limitrophe qui s'étend du Burkina Faso au Niger, et qu'ils aient atteint les régions septentrionales de la Côte d'Ivoire, du Togo et du Bénin. Les djihadistes arabes et les Touareg, quant à eux, préfèrent les zones plus désertiques et mettent en avant des revendications politiques et indépendantistes (comme la création de l'Azawad).

Ce qui les unit – outre la religion – est une même opposition à la laïcité de l'État et à la démocratie; ces deux mots sont vus comme de la poudre aux yeux. L'idéologie d'Al-Qaïda a réveillé ces populations minoritaires, parfois opprimées, en leur donnant une nouvelle définition de leurs revendications et en nourrissant leur désir de revolte.

### *Résister*

Exactement 40 jours se sont écoulés depuis le jour de mon enlèvement, le 17 septembre 2018. Peut-être sommes-nous à un tournant et je nourris l'espoir que tout finisse vite. Je suis confié à un nouveau groupe avec lequel nous pénétrons dans le Sahara. Nous nous arrêtons deux nuits dans un lieu indéterminé. La nuit du 30 octobre, une fine bruine mouille la toile sous laquelle je dors. Le lendemain, c'est l'agitation : on entend au loin un bruit de moteur, probablement un drone. La décision est aussitôt prise : départ immédiat. Nous nous arrêtons seulement quand ils se sentent en sécurité. Le soleil est brûlant et pendant plusieurs heures, je n'ai aucune protection sur la tête. Je cherche à utiliser ma veste comme parasol, mais c'est un calvaire.

En l'espace de 12 jours, l'équipe aura changé trois fois. Nous nous enfonçons dans le désert, vers le nord, où ce n'est plus que dunes de sable doré. Le conducteur conduit très habilement son pick-up d'un versant à l'autre, et parcourt de longs tronçons sur la ligne de crête. Il est aussi très attentif à mon égard, me donnant du savon, un nouveau pantalon et une tunique traditionnelle qui descend aux genoux, appelée *boubou* en Afrique occidentale. Il m'apprend aussi les astuces pour allumer le feu en situation de vent et m'offre une théière, du sucre et du thé vert séché, à préparer quand je veux au cours de la journée. Ces Arabes me respectent beaucoup plus et me laissent d'amples marges de mouvement. Je peux marcher aussi bien le matin que le soir, quand le soleil est moins « acharné ». Ils me semblent plus conscients de ce que signifie faire la guerre avec des armes et moins « apprentis-soldats » que les jeunes *fulani*.

Résister pour exister, me dis-je. Je compte les jours, réfléchissant au fait que la vidéo doit être mise en ligne, visionnée et analysée : quelques semaines au moins seront nécessaires. J'espère toujours revoir bientôt l'intermédiaire, avec de bonnes nouvelles et surtout, avec l'autorisation de mon retour au Niger, où je voudrais reprendre mes activités pastorales.

Je me donne du courage en me disant que tout ce qui a un début a aussi une fin. Comme missionnaire, j'accepte ce « changement de programme », mais la pensée de mes frères et de mes neveux, qui ne sont pas préparés à cet aspect de la mission, m'est douloureux (et je pleure). Je leur ai toujours présenté une Afrique aux couleurs de l'espérance, riche de valeurs qui font la beauté de la mission. Jamais je n'aurais imaginé me retrouver au milieu d'une telle tornade.

Cinquante-deuxième jour de captivité et me voilà de nouveau en voiture. Le groupe d'Abdul Lamin[15] m'a pris sous sa garde. Nous traversons les espaces infinis d'un Sahara immense et varié et parcourons au moins 200 km vers le nord. Il n'y a pas un arbre, seulement des étendues de sable et de petites touffes d'herbe sèche à perte de vue. Je suis perdu et prisonnier du sable partout présent. Même mes larmes sont de sable. Jour après jour je fais connaissance avec le nouveau groupe. Un seul des sept jeunes surveillants parle un peu français et échange quelques mots avec moi. Peu à peu, les autres jeunes passent eux aussi de la défiance initiale à des visites quotidiennes à mon « domicile », proche de leur emplacement. Tous sont gentils, remplis de curiosité et de questions.

L'un d'entre eux m'offre son chapeau militaire avec visière, ce qui est pour moi une grâce car il protège mes yeux clairs du soleil éblouissant. Sur ce petit chapeau j'ai appris à enrouler un turban, pour mieux me préserver de la chaleur, de la lumière mais aussi du vent de sable, quand il souffle. Un autre me sert un gros morceau de pain, quand c'est son jour de cuisine. Un troisième me demande de lui réparer son smartphone qu'il a bloqué par inadvertance en appuyant sur une mauvaise touche. Je gagne des

[15] Les noms des *moudjahidin* cités dans le livre sont des « noms de bataille », donc toute référence à des personnes réelles est improbable et relèverait du hasard.

« points » et de l'estime, même auprès du jeune chef qui m'a surnommé « le moustachu » à cause de mes abondantes moustaches qui recouvrent ma bouche. Ce détail ne leur plaît pas, car le style *moudjahidin* prévoit une barbe longue mais des moustaches courtes ou rasées. Il me fait aussi observer que les pantalons doivent laisser les chevilles libres. À chacun sa mode !

J'apprends d'eux que je serai gardé pendant vingt jours, puis qu'un chef viendra donner des indications pour la suite. Patiemment je compte les jours. J'attends le lever et le coucher du soleil. Chaque matin, j'inscris sur le sable le nombre de jours écoulés depuis l'enlèvement, comme une mise à jour du calendrier.

## *Riz blanc assaisonné de souvenirs*

Ma vie dans le désert est rythmée par les repas. Pour le déjeuner, j'obtiens qu'ils me préparent du riz et ou des pâtes sans huile. Le soir, j'ai demandé à me préparer moi-même une soupe de lentilles et d'oignons. Une fois, tandis que je mange du riz blanc avec une boîte de sardines, me revient à l'esprit une discussion que j'avais eue à Bomoanga avec mon vicaire paroissial. Ce jour-là, le cuisinier Michel venait justement d'apporter à table du riz blanc et deux boîtes de sardines. Mon jeune confère, qui aime la nourriture appétissante et soignée dans les détails, s'était mis très en colère à la vue de ce plat si « pauvre ». Il ne pouvait accepter que le cuisinier ait passé toute la matinée à préparer seulement une poignée de riz. Il faut dire, à la décharge du cuisinier, qu'il avait aussi nettoyé la maison... Une fois calmé, il me confia que, dans son diocèse d'origine, tout bon curé avait à cœur les trois « C » : catéchistes, chorale et cuisine, précisant que si un prêtre trouvait un bon cuisinier, il l'emmenait avec lui quand il changeait de paroisse. En mangeant mon plat de riz blanc, je songe : « Qui sait ce que dirait aujourd'hui mon confrère ? Heureusement que la nuit de l'enlèvement, il n'a pas bougé de sa chambre ni allumé ! »

Emporté par ce souvenir, je poursuis ma réflexion suivant le principe des trois « C » : quel curé suis-je à présent ? Je n'ai pas de catéchistes à former, ni de chorale à encourager et encore moins de cuisinier digne de ce nom. Ma pastorale, selon ces critères, est totalement défaillante et je peux être considéré comme un curé de deuxième catégorie !

Le curé aux trois « C » me rappelle ce que disait le fondateur de la SMA dans l'un de ses écrits et qui m'a toujours beaucoup touché : « Quand vous devenez curé ou évêque, vous ne méritez plus d'être appelés missionnaires[16]. » Qu'entendait-il par une telle affirmation ? Ce n'est pas le titre de curé ou d'évêque qui est suspect, mais la perspective de fond du ministère. Je la comprends ainsi : la pastorale du curé qui se limite à la sacristie, et reste enfermé dans le cercle de ses fidèles « habitués », s'appauvrit en une pastorale de conservation. Une pastorale missionnaire incite au contraire le curé à aller toujours davantage vers les plus pauvres.

Quelles peuvent être alors les caractéristiques du curé-missionnaire ? Absorbé dans mes pensées, je cherche et trouve des mots qui, par hasard, commencent tous par la lettre « P », mon nouveau

---

[16] Lettre à Mgr Charbonnaux, vicaire apostolique de Pondichéry. Renzo Mandirola, *Nient'altro che la volontà di Dio*, p. 402.

paradigme. Le premier est « prière ». Dans le grand silence du désert, je n'ai rien d'autre à faire que de prier pour tous. Le second qui me vient spontanément à l'esprit est « Parole de Dieu ». Nous, missionnaires, nous avons été appelés et envoyés pour annoncer l'Évangile. D'ailleurs, quand les Apôtres choisissent les sept premiers diacres, ils justifient ainsi leur choix : « Nous nous consacrerons à la prière et au service de la Parole » (Ac 6, 2-4).

En outre, ce qui transforme un curé en missionnaire de frontière, ce sont les « pauvres » et les « périphéries ». C'est non seulement une question de géographie, mais surtout de périphéries existentielles, partout présentes, même en Europe, et à plus forte raison dans ce désert, extrême limite de la vie humaine. La mission, ce n'est pas seulement aller *ad gentes*, c'est aussi considérer le voisin d'à côté : « Les pauvres, vous les aurez toujours avec vous » (Jn 12, 8). Ce n'est pas seulement se soucier des fidèles qui viennent à l'église, c'est aller vers les personnes et les situations humaines démunies de biens matériels et d'amour. C'est pénétrer dans le désert aride de l'existence où la vie est défiée par de dures épreuves.

C'est la pastorale de proximité qui fait de nous des missionnaires : devenir le prochain de toute personne, la prendre sur ses épaules et lui donner du temps et de l'argent comme l'enseigne l'Évangile du bon samaritain. Enfin, un curé-missionnaire est un homme de « paix » et de « pardon » : il réconcilie les familles et les communautés, n'utilise pas de mots durs pour réprimander la « brebis perdue », mais fête le fils prodigue qui retrouve le chemin de la maison.

Voilà les sept « P » que je me fixe au terme de mes 40 jours de Sahara : prière, Parole de Dieu, pauvres, périphéries, prochain, paix et pardon. Un parallèle avec le temps de Jésus dans le désert qui, espérais-je, se conclurait pour moi aussi par le retour à Nazareth-Bomoanga.

L'arrivée d'une voiture dans l'après-midi du 6 décembre 2018 me laisse croire au terme de cette quarantaine ou temps de désert, pas seulement spirituel. Il y a trois hommes à bord, mais aucun chef. Ils sont venus nous dire que l'attente se prolongerait de 30 autres jours. J'espérais franchement que saint Nicolas serait le saint de ma libération. C'est avec mon neveu, ainsi prénommé, que j'avais eu le dernier contact WhatsApp le soir de mon enlèvement. Un instant, j'ai espéré qu'avec la fête de son saint patron ce jour, la parenthèse de cette mésaventure se fermerait. Déception et découragement. Jusqu'à quand, Seigneur ? J'ai tenu bon pendant trois mois, mais quatre, c'est trop. Je crains de m'effondrer.

Le 8 décembre c'est la fête de la SMA : ma communauté missionnaire est née le jour de l'Immaculée, au sanctuaire de Notre-Dame de Fourvière, à Lyon en France. Je me confie à Marie et de nouveau lui consacre mon cœur. En faisant chaque jour ma promenade matinale, j'ai rassemblé dix fossiles de coquillages. Le Sahara était un jardin ou tout au moins, un lieu où l'eau alimentait la vie. Il y avait des fleuves et des lacs, probablement aussi une mer. J'égrène ainsi mon chapelet, en passant un fossile d'une main à l'autre à chaque Ave Maria.

Je vis l'attente du temps de l'Avent en écoutant la musique du vent et en pensant à Jean le Baptiste, la voix du désert. Je médite ses paroles de feu qui acquièrent une force et une intensité nouvelles dans ce désert où je me retrouve confiné.

*Enchantement du désert*

Les couleurs du coucher de soleil sont d'une variété surprenante. La boule de feu s'estompe à l'horizon, passant du rouge intense au rose pâle. Les combinaisons de couleur jouent avec les nuages et peignent le ciel de rayures multicolores. Puis arrive la nuit éclairée par des myriades d'étoiles, lumineuses et belles. Toute la voûte céleste est un scintillement de lumières jusqu'à l'horizon le plus bas, d'est en ouest. Un dôme de luminaires que parcourent des dizaines de satellites qui se croisent puis s'éloignent rapidement vers les points cardinaux. C'est un enchantement de rester contempler la fin du jour et le début de la nuit.

Mais la plus belle soirée est le solstice d'hiver du 22 décembre 2018. Je contemple à l'ouest le coucher du soleil rouge feu. Je me tourne à l'est pour en admirer les reflets dans le ciel, et voici devant moi la pleine lune, rouge comme le soleil. On dirait deux couchers de soleil parallèles. Mon regard court d'ouest en est, la lune semble avoir les mêmes dimensions que le soleil. Je contemple des couchers de soleil jumeaux, tous deux de couleur rouge vif. Même après la disparition du soleil, la lune reste « rouge de honte » pendant longtemps, tandis qu'elle monte lentement dans la voûte céleste pour sa promenade nocturne, brillant d'une intensité de lumière à faire pâlir de nombreuses étoiles.

Cette touche de poésie, je la conserverai jalousement dans mon cœur, mais elle ne me fait pas oublier la rudesse du désert : chaleur de plomb à midi et au début de l'après-midi, puis froid piquant la nuit. En journée, veste légère, mais après le coucher de soleil je double les protections. Pour la nuit, j'enfile deux pantalons, deux *boubous* et une couverture, que j'utilise comme un poncho, et enfin un blouson. Puis je m'étends sur la natte et je me terre sous deux couvertures. Pour rendre encore plus tiède le repos nocturne, je n'oublie pas de m'enrouler la gorge avec mon turban, de mettre un bonnet de laine et d'enfiler deux paires de chaussettes qui, bien que trouées, protègent mes pieds gelés.

Autour de ma « maison de campagne », au toit de toile et d'herbes, et aux murs de chiffons et de cartons, pullulent de noirs cafards qui pendant la journée cherchent à se glisser sous ma couverture ; la nuit, c'est le tour des souris qui irrévérencieusement viennent fouiner dans mon sac à dos. Il y a quelques jours, les petits rongeurs ont fait main basse sur un carton entier de *macaroni* que le groupe avait caché dans le sable et couvert d'herbe sèche pour le protéger du soleil.

Un soir, tard, j'entends du vacarme non loin de moi. Je suis réveillé par des voix, sors la tête de mon abri et vois le groupe des jeunes *moudjahidin* qui me font comprendre fièrement, par des gestes, qu'ils viennent de tuer deux serpents. Le matin suivant, je peux constater qu'il s'agit, pour être précis, de deux vipères à cornes.

## *Tentatives de conversion*

Le groupe qui me retient prisonnier me laisse marcher sans difficulté et même me préparer tout seul mon petit-déjeuner et mon dîner. Je m'abstiens en revanche de cuisiner le déjeuner pour ne pas m'exposer au soleil cuisant du Sahara. De 9h30 jusqu'à la fin d'après-midi, je reste abrité à l'ombre et je mange ce qu'ils préparent, généralement du riz ou des pâtes, rigoureusement sans huile.

Désormais, je les connais tous par leur nom et un minimum de rapports s'est instauré. Chaque jour, l'un d'eux vient me rendre visite et discuter un peu. Ils sont rigides et intransigeants seulement quand ils abordent le thème « religion ». Ils ne manquent pas alors de m'inviter à devenir musulman et à épouser la cause du *djihad* (guerre sainte).

Abdel Hamid a 20 ans et se révèle gentil avec moi ; c'est lui qui m'a fait cadeau de sa casquette militaire à visière. Avec fierté, il m'a aussi montré sur son portable une vidéo de propagande djihadiste. Il me fait comprendre qu'il serait heureux de se faire exploser dans une voiture piégée lancée contre une caserne militaire. Pour le détourner de tels propos et changer de conversation, je lui demande s'il écoute de la musique. Il me répond promptement que le crépitement des armes qui sonnent des coups à répétition contre l'ennemi est une musique pour ses oreilles. Puis il ajoute que le chant et la musique sont considérés comme mauvais et sont interdits chez les musulmans zélés.

Avec insistance, il me conseille la conversion pour gagner le paradis et la liberté, leur principal objectif étant de divulguer et de soutenir l'islam. Franchement, invoquer *Allahu Akbar*, de plus devant un fusil fiché en terre pour indiquer la Mecque, ne correspond pas à ma compréhension de la prière et encore moins à ma vision de Dieu.

Je marche à la suite d'un autre Dieu qui recommande la paix, le pardon et la fraternité. Jésus a pardonné à ses bourreaux et a prié pour ses ennemis et persécuteurs. Je crois et j'adhère à un Dieu désarmé qui a vaincu depuis longtemps le Dieu des armées dont parle aussi l'Ancien Testament. En français, il y a un beau jeu de mots : le Dieu de Jésus n'est pas un Dieu *des armées*, mais un Dieu *désarmé.*

Il serait trop facile de dénigrer l'islam à partir de cette malheureuse expérience. Je ne peux nier que ceux qui m'ont emprisonné et séquestré poursuivent une religion fanatique et radicale, mais je refuse de céder à la tentation des généralités. Je respecte les musulmans et j'éprouve de l'estime et de l'amitié pour beaucoup. Je compte parmi mes amis de nombreux Nigériens adeptes de l'islam, que j'apprécie comme des personnes loyales, honnêtes et des pratiquants fidèles.

Toutefois, l'islam vu de ce coin du Sahara, au travers du regard de ces jeunes *moudjahidin* fervents et armés, est tout autre chose. Beaucoup d'entre eux sont analphabètes. Il leur suffit de savoir que seuls les musulmans se sauvent et accèdent au paradis, et que tous les autres sont destinés à brûler en enfer. C'est pourquoi tuer un *kafir*, un infidèle impur, c'est accomplir la volonté d'Allah. Ainsi, il est bon et juste de participer à la guerre sainte contre tous les ennemis de l'islam, *in primis* la France, les États-Unis et tout l'Occident.

La prière désarmée est mon unique arme contre le mal. Pas un jour sans que j'achève ma prière par : « Père, pardonne-leur car ils ne savent pas ce qu'ils font. » Je confie à Dieu mon impuissance et surtout, la peine que je ressens pour ma famille. Quel coup au cœur ont reçu mes frères à la nouvelle de mon enlèvement ! L'impossibilité de communiquer avec eux me pèse énormément. Je voudrais les encourager à attendre et à patienter, et leur dire que je ne suis ni blessé ni malade. Ce que je vis est terrible, mais ce n'est pas terrifiant.

## 2.

## DANS LE SILENCE DE DIEU

Je me retrouve dans le Sahara en pyjama et en pantoufles. Je n'ai rien et ne suis rien aux yeux de ces musulmans qui me considèrent comme un *kafir* condamné à l'enfer. Mon unique soutien est la prière simple et habituelle, matin et soir, enseignée par ma mère, et le chapelet de ma grand-mère comme prière contemplative. Autour de cette ossature, quelques psaumes et cantiques que je connais par cœur, l'invocation à l'Esprit Saint et ma conversation familière avec Dieu. Je lui ouvre mon cœur et me plains à lui, parfois avec quelques accents forts, à la manière des psaumes imprécatoires. Le dimanche, je fais mémoire d'un passage de l'Évangile et je m'attarde sur la prière universelle dans laquelle j'inclus les intentions de tous et pour tous.

C'est une expérience d'intense communion avec l'Église, la famille, la mission, ceux qui souffrent, et d'intercession pour le monde, la paix, mais aussi pour mes persécuteurs pour lesquels je demande pardon.

En ces mois de solitude forcée, j'ai aussi beaucoup prié avec mes larmes. Parfois, j'ai perçu le silence de Dieu. Mais des paroles consolatrices sont venues à mon aide et je les ai rassemblées avec les quelques fossiles de coquillage trouvés dans le sable, tandis que je marchais absorbé dans mes pensées, le regard à l'horizon.

La première : « Ne crains pas. » C'est une exhortation qui traverse toute la Bible et qui est présente dans de nombreux récits de vocation, d'Abraham aux patriarches, des prophètes jusqu'à Marie et Joseph, puis transmise par les apôtres pour continuer à soutenir les hommes et les femmes d'hier et d'aujourd'hui. « Ne crains pas, Gigi », résonne en moi comme un écho.

La seconde : « Tu es avec moi. » Le psaume 22 que je récite chaque jour me le rappelle. « Le Seigneur est mon berger... même si j'allais par une vallée obscure, je ne craindrais aucun mal parce que tu es avec moi. » Cette parole réveille en moi un épisode vécu au premier mois de l'enlèvement. Pendant la remontée du fleuve Niger dans une pirogue à moteur, nous sommes passés près d'une rive où étaient amarrées d'autres pirogues. Presque toutes portaient une inscription sur le côté. Sur certaines, il y avait un mot dans une langue qui m'était inconnue, sur d'autres, une date telle une plaque d'immatriculation. Une pirogue a attiré mon attention, sur laquelle était écrit en français : « Dieu t'aime. » Ce message m'était adressé et ce fut comme un coup de foudre transperçant mon cœur qui se croyait oublié de Dieu-Amour.

La troisième : « Je ne t'abandonnerai pas. » Un jour, tandis que je repensais à mes chers parents défunts, me vint à l'esprit cette phrase du psaume 26, 10 : « Même si ton père et ta mère t'abandonnaient, je ne t'abandonnerai pas, dit le Seigneur », confirmée par une autre citation du prophète Isaïe 49, 15 : « Une femme peut-elle oublier l'enfant qu'elle a allaité et porté en son sein ? Même s'il en était ainsi, moi – dit Dieu – je ne t'oublierai pas. » Je conserve un beau souvenir de mes parents auxquels je suis affectivement très lié. Mon père et ma mère sont morts presque nonagénaires, il y a quelques années, mais cela semble hier. Je remercie Dieu pour toute cette attention paternelle et maternelle reçue à travers eux. Et encore maintenant, je sais que je ne suis ni abandonné ni oublié. Dieu est là !

La quatrième parole consolatrice : « Marche humblement avec ton Dieu. » C'est une phrase du triptyque du prophète Michée 6, 8 : « Le Seigneur ne te demande qu'une chose, ô homme : aime tendrement, agis justement et marche humblement avec ton Dieu. » Humblement vient de *humus*, c'est-à-dire terre fertilisée. Il peut toujours naître quelque chose de nouveau quand la terre est fécondée par la semence de la Parole de Dieu. C'est une citation qui m'accompagne depuis 1996, quand j'ai pris une année sabbatique. Un livre[1] en anglais sur la spiritualité holistique le commente amplement et a été pour moi une source d'inspiration lors de retraites et de rencontres de spiritualité missionnaire pour les jeunes, en Italie comme en Afrique.

La cinquième parole que l'Esprit consolateur m'a suggérée est profane : « Fais le mort », c'est-à-dire laisse-toi porter par les vagues de la mer. C'est une invitation à m'abandonner avec confiance, comme me le rappelle la belle prière de Charles de Foucauld : « Mon père, je m'abandonne à toi, fais de moi ce qu'il te plaira... » J'ai toujours été une personne méthodique, j'aime organiser mon temps et conduire ma vie. Dans cette mésaventure, je ne me laisse pas en paix et suis souvent tourmenté par beaucoup de questions, pourquoi, comment, qui, quand... Mais une voix intérieure me dit : « Laisse le gouvernail, ne

[1] D. Dorr, *Integral Spirituality*, Dublin, Gill & Macmillan.

te fatigue pas à ramer contre des vagues au-delà de tes forces. Tu risques seulement de sombrer dans la dépression et la folie. » Faire le mort sur les flots et se laisser porter par la mer.

Il m'arrive souvent de rêver que je suis libre et que je téléphone à la maison pour annoncer mon retour à la vie. Puis, tout-à-coup j'ouvre les yeux, je vois la toile au-dessus de moi et j'entends le froid silence de la nuit qui m'enveloppe. Mon cerveau fonctionne à plein régime, je pense jour et nuit à ce que je dois faire et organiser, mais je me rends compte qu'un voyant s'est allumé, qui me signale que j'arrive à saturation. Il y a des jours où je ne réussis plus à me rappeler les noms des personnes qui me sont familières. C'est une alerte à ne pas négliger. Je me dis qu'il est temps de me calmer et d'accepter le présent. Il est temps de changer mon regard sur la réalité que je vis. La devise du pape Jean XXIII me console : *Obœdientia et Pax*. Je me laisserai porter par la vague vers d'autres rivages, que je n'ai pas choisis !

La sixième parole que je chéris m'a été suggérée par l'ange Gabriel, le dimanche qui précède Noël : « Rien n'est impossible à Dieu ! » Dieu sait transformer la mort en vie, la servitude en salut et la souffrance en nouveau départ. La prière, qui a été la chose la plus difficile à faire les premiers jours, devient maintenant la respiration de ma journée. J'étais d'abord habité par de nombreuses questions : « Pourquoi, Seigneur, m'as-tu abandonné ? Qu'ai-je fait de mal pour mériter tout cela ? » Mon cœur était plein de colère, de déception et de rébellion. À présent, le vent cinglant s'est transformé en calme plat.

Tandis que je scrute l'horizon de ce Sahara infini, au sommet d'une dune sur laquelle je me suis rendu sans être vu par mes surveillants, me vient à l'esprit la parole de Jésus : « Si vous aviez la foi comme un grain de moutarde, vous déplaceriez les montagnes » (Lc 17, 6). C'est la septième parole qui apaise ma tempête intérieure. Ô Seigneur, donne-moi cette foi, grande comme un petit grain de sable. Si la foi peut déplacer les montagnes, alors à plus forte raison, le souffle de ton Esprit peut déplacer ces dunes de sable et me frayer un passage de l'esclavage à la liberté. Comme le pèlerin russe, je répète en marchant et en priant : « Aie pitié de moi pécheur, et augmente ma foi. »

Je suis obstinément fidèle à la prière quotidienne et au chapelet. Il est dur de prier et de ne percevoir aucun contact de là-haut, mais je maintiens mon engagement de prière en sachant que Dieu n'est pas un *juke-box* à jetons. L'expérience de la nuit obscure et du silence de Dieu est un passage obligé pour tout véritable adorateur. Il reste un mystère pour nous, toujours inaccessible. Il n'est jamais à la solde de la volonté humaine.

Le désert est dans la Bible un plongeon dans l'expérience des origines, un retour au temps des fiançailles où Dieu restaure sa relation avec l'aimée (Israël).

Les exégètes font remarquer qu'en hébreu le mot « désert » peut être interprété comme lieu où la Parole de Dieu a été communiquée à Israël. En effet, la Parole, qui en hébreu se lit *DaBaR*, est composée de la même racine verbale (c'est à dire des consonnes DBR) que le terme « désert » (*MiDBaR*). Ainsi, celui qui s'immerge dans la Parole de Dieu pour l'étudier, la méditer et l'assimiler, fait l'expérience du désert. C'est ce que fit Jésus pendant ses 40 jours de solitude : à travers le silence et l'épreuve, il entendit la Parole de Dieu, découvrit sa mission et la voie à suivre.

Dans ce désert, la prière du cœur est mon unique espace de liberté. Je puise l'eau de vie dans la profondeur de ce puits intérieur. J'avoue qu'il m'est parfois pénible de prier et d'étancher ma soif, mais je n'en démords pas. J'attends. Je suis sûr. J'ai confiance. Je crois que quelqu'un répondra quand il le voudra.

### *Du sable partout*

La Providence m'a toujours soutenu dans la traversée de cette vallée de larmes. J'ai reçu de nouveaux vêtements et une épaisse couverture, très utile contre le froid nocturne. J'ai aussi reçu en cadeau un chapeau avec une visière et une paire de chaussettes. Comme réserve de nourriture, deux cartons de fruits au sirop et même une boîte de chocolats que je déguste avec du pain au petit-déjeuner. Chaque jour, j'ai droit à un gros morceau de pain préparé à tour de rôle par l'un des membres du groupe.

J'observe avec intérêt la méthode utilisée pour le cuire : d'abord, ils brûlent du bois et cuisinent dans une marmite sur le feu les légumes du repas. Quand les braises se sont formées, ils enlèvent la casserole et écartent les braises. Sur le sable brûlant, ils étalent la pâte de farine de froment, de levure et de sel, à la façon d'une grande pizza, puis ils recouvrent le tout d'un voile de cendres sur lequel ils mettent les braises et enfin une bonne quantité de sable en forme de coupole. Ils laissent cuire pendant 20 ou 30 minutes puis retirent le pain du tas de sable et de braise et c'est prêt, croquant et doré en surface, moelleux à l'intérieur. On le nettoie avec un bout de turban, et on retire au couteau les résidus de sable de la croûte. Une brève pause le temps qu'il refroidisse, et il peut être mangé.

Ici, le sable est roi. J'en ai dans les cheveux, dans les oreilles, entre les couvertures, collé à la sueur du front. Pain de sable, spaghetti, macaroni, riz au ragoût de sable. Le vent n'épargne même pas la petite casserole qui bout sur le feu, on dirait qu'il s'amuse à assaisonner le repas avec cette touche de désert. Sur tout, de la poussière de sable, comme du fromage râpé.

Même dans le bidon d'eau, il reste toujours du sable au fond. L'eau est généralement propre, elle vient de puits profonds, mais les bidons de plastique dans laquelle elle est conservée ne le sont pas autant. Parfois, elle a un goût de gazole ou d'essence quand elle a transité dans un baril de carburant de 200 litres recyclé.

On m'attribue un bidon de 5 litres portant l'étiquette « Motul Multigrade 2000 », c'est-à-dire un bidon d'huile de moteur de voiture. Cela peut surprendre ceux qui ne sont pas familiers de l'Afrique, mais, vu dans une perspective – disons – positive, on en apprécie les avantages : pour la douche, par exemple, pas besoin d'ajouter une crème hydratante coûteuse ni de l'eau de Cologne, tout est incorporé. Et comme boisson, elle lubrifie la « vie intérieure » et facilite la régularité et le nettoyage des « tuyaux ».

La prudence, cependant, conseille de toujours faire bouillir l'eau quand c'est possible. Pain et eau ont été ma nourriture de base, mais j'ai aussi eu droit à de savoureux morceaux de viande et de foie de brebis. Au mois de décembre, j'ai toujours reçu ma ration quotidienne de viande de dromadaire séchée au soleil et au vent. D'autres fois, c'est la viande d'une chèvre venant d'être tuée qui a enrichi ma soupe du soir. Les inévitables boîtes de sardines, en revanche, les remplacent dans les moments de transition. Je crois avoir un peu maigri ou du moins m'être « desséché » en raison du vent et du soleil du désert. Je suis un régime réputé excellent contre le cholestérol. Pas de vin ni de fromage, de saucisson ou d'huile… et jamais une bonne glace !

C'est ainsi qu'a lieu Noël en ce 99e jour d'exil. Je repense aux repas de Noël de Bomoanga, avec les sœurs et les catéchistes, et à ceux avec ma famille en Italie, qui a l'habitude de se réunir pour la fête de saint Étienne. Ce jour-là, je ne manque jamais de téléphoner à l'heure du café pour leur adresser mes vœux. Cette année, c'est une communion seulement spirituelle, mais fortement réelle.

En mémoire de la nuit sainte et pendant tout le temps de Noël, je prie trois chapelets chaque jour. À côté des mystères traditionnels, j'ai inventé les mystères de Noël, en pensant à Joseph, aux bergers, aux Mages, aux saints innocents et à l'étoile du berger.

Le 6 janvier, le mois d'attente du chef arrive à son terme, ainsi que me l'avaient annoncé trois des hommes venus en visite le mois dernier. J'espère vraiment que l'Épiphanie marquera la fin de ma captivité qui dure désormais depuis trop longtemps. Une voiture nous rejoint le 3 janvier 2019.

Celui qui a l'air d'être le chef vient vers moi et me salue en français. À dire vrai, il ne le parle pas très bien, mais nous nous comprenons. Malheureusement, il ne me donne pas la bonne nouvelle espérée. Il dit seulement qu'il n'y a jusqu'à présent aucune réaction de la part de l'Italie. Je suis profondément déçu, je ne sais plus que penser ni qu'attendre de cette affaire qui se prolonge sans cesse et devient chaque jour plus difficile.

Le lendemain, nous levons le camp et nous dirigeons vers les dunes plus au sud. Après un jour de voyage, voici réapparaître quelques arbres qui sortent de terre comme des champignons rares. Nous passons la nuit froide sous les étoiles et le matin suivant, nous campons derrière une grande dune. En soirée, un nouveau groupe nous rejoint, et je devine qu'il se chargera de moi dans les prochains mois. De nouvelles personnes et de nouveaux noms avec lesquels je dois me familiariser. Les autres s'en vont le lendemain matin. Dans l'après-midi, je retrouve une vieille connaissance, le conducteur expérimenté qui chevauche les dunes comme un cow-boy à dos d'un cheval sauvage. Il apporte de la nourriture et des provisions et m'offre du savon, du dentifrice, du thé vert, des fruits au sirop et une autre boîte de chocolats.

Nous repartons le lendemain avec Bachir comme conducteur et chef de groupe. En route nous crevons deux fois, mais ils sont équipés d'un compresseur et de chambres à air en cas de besoin. Ils réparent et remplacent les roues avec compétence et rapidité. À la tombée du jour, ils montent mon refuge pour la nuit.

Je suis à peine couché quand je vois venir vers moi deux d'entre eux, Abdoul Haq et Abdel Nour. Ce dernier m'attrape la cheville et l'enchaîne avant même que je puisse retirer mon pied. Je résiste et je leur dis que le groupe précédent ne m'a jamais mis les chaînes aux pieds pour la nuit. Grâce à Abdoul

Haq, plus compréhensif, son camarade renonce et me libère la cheville. Il ne manquait plus que ça !

Je me rappelle ce détail parce que les choses s'améliorent ensuite, après ce début peu prometteur. Abdel Nour s'était présenté comme un dur, mais est devenu peu à peu beaucoup plus « souple », au point de me demander de lui apprendre l'alphabet et les nombres en français. Tous les après-midi, fidèle et régulier, il vient réviser sa leçon avant la prière du coucher de soleil.

## *Le dentifrice magique*

Avec Abdoul Haq, en revanche, une forme de complicité s'est nouée. Parler d'amitié serait excessif ! L'occasion est un mal de dent qu'il a tenté de « soigner » avec mon dentifrice. J'en ai reçu un à la menthe et je lui propose d'en mettre un peu sur sa carie. Il en éprouve du soulagement et me remercie. La nuit, il me réveille parce que son mal de dent l'empêche de dormir et il me demande un peu du médicament magique. Les applications miraculeuses se répètent chaque fois que la douleur se fait sentir et à chaque application, je suis moi-même émerveillé de constater les effets positifs du remède.

Cet épisode me fait gagner une certaine estime dans le groupe, au point que même Bachir vient prendre conseil pour soigner sa sinusite chronique. Je propose comme remède des inhalations de sel et une boisson de lait chaud avec beaucoup de gingembre. Pour le plus jeune du groupe, je trouve une solution pour combattre son acné juvénile : je lui offre une savonnette avec laquelle je l'invite à se laver le visage au moins trois fois par jour, ce qui s'avère efficace.

Ce climat de rapports plus détendus a rasséréné mon cœur qui commence à regarder le Sahara environnant avec moins d'hostilité. J'admire avec des yeux neufs la pleine lune de janvier, vêtue d'une lumière resplendissante. Les couleurs sur le sable changent continuellement au coucher du soleil. Le ciel de jour est d'un bleu turquoise limpide. Je vis le présent et j'apprécie la fraîcheur vespérale.

Après trois mois de vie vagabonde au milieu des dunes, ils m'offrent un bidon de 5 litres d'eau pour que je prenne une douche. Je m'éloigne du groupe et peux enfin me laver de la tête aux pieds. Nu dans le désert, je vis mon total dépouillement. J'impose à mon cerveau qui tourne trop rapidement de ralentir et d'arrêter de rêver et de se projeter dans le futur : « Je ferai, j'irai, je dirai... » Au-delà du mur du son, j'entends une voix me parler : « Vis le présent et laisse le futur au futur ! »

Loin des yeux indiscrets, caché par l'obscurité de la nuit et isolé en prière, je permets seulement aux larmes de baigner mon visage silencieux et plein d'espérance. Un autre jour est passé, un pas de plus vers la liberté. Un adage dit : « Les grandes joies et les grandes peines sont muettes. » Seules les larmes savent encore parler quand j'ai épuisé tous les mots de mon dictionnaire quotidien.

Je suis seul sous les étoiles, enveloppé de silence. Dans ce grand isolement auquel je suis contraint, je fais l'expérience de la soif de communion et de relation. Nous sommes vraiment tissés à l'image et à la ressemblance d'un Dieu qui est famille. En opposition avec une bonne partie de l'islam qui défend fermement l'unicité et la solitude de Dieu, je sens en moi un désir ardent de communion. Je repense à la citation biblique du livre de la Genèse 1, 26 : « Faisons l'homme à notre image et à notre ressemblance. » Et encore : « Il n'est pas bon que l'homme soit seul » (Gn 2, 18). J'ai soif de relation. Cette grande blessure brûle en moi, invisible aux yeux : ne pas pouvoir communiquer et ne pas savoir quand je reverrai mes frères, mes amis et ceux qui me sont chers.

Je me suis habitué à tout : dormir par terre, souffrir du chaud et du froid, rester dehors et être toujours giflé par le vent, boire de l'eau au goût d'essence, avaler des grains de sable en même temps que la nourriture… mais c'est l'impossibilité de communiquer et le fait de ne pas connaître le terme de ce temps de captivité qui représentent une vraie torture.

Ce que je peux faire dans cette situation d'isolement, c'est chercher un peu de dialogue au quotidien. Je l'ai appris en mission : écouter les besoins et aider les personnes, autant que possible, à se soigner, à avoir de l'eau potable, à s'occuper de l'éducation de leurs enfants. Ma conviction s'est renforcée quand j'ai lu les écrits de François Varillon. C'est lui qui affirme : « Ce que l'homme humanise, Dieu le divinise. » Dieu ne nous demande pas de faire des miracles, mais d'être pleinement humains. Vivre en profondeur notre humanité en partageant le peu que nous avons, fait de cinq pains et deux poissons. Ce « bien-donné » devient « béni » pour une grande foule. Ainsi, l'offrande d'un verre d'eau est gage d'une récompense éternelle. C'est pourquoi je crois que le dialogue minimum que je cherche à entretenir avec mes surveillants a son importance et même, une grande valeur.

Ce temps de désert est aussi une précieuse opportunité pour moi. J'ai revu le film de ma vie et je crois pouvoir dire que Dieu a marqué mon chemin d'homme et de missionnaire par des interventions que je qualifierais plutôt de brutales et sans équivoque.

Ma vocation à la mission a été semblable à celle de saint Paul sur le chemin de Damas. À dix-huit ans, je désirais abandonner le petit séminaire que je fréquentais depuis le collège, et je programmais d'entreprendre des études de médecine. La nuit du 18 mai 1980, ma décision fut bouleversée par l'annonce de mon frère Walter[2] de devenir missionnaire. Je compris alors que le projet de Dieu me concernant allait dans cette même direction : je me destinais moi aussi à être missionnaire en Afrique. Je devins prêtre en 1985 et partis pour la Côte d'Ivoire l'année suivante.

Le 6 octobre 1993, je fis l'expérience du coma à la suite d'un accident de la route à Padoue. Je fus opéré d'urgence et restai en fauteuil roulant pendant trois mois. Grâce à Dieu et à l'habileté des chirurgiens, je pus me rétablir, et mon engagement missionnaire en faveur des malades et des personnes handicapées s'enrichit d'une communion que désormais je peux dire avoir expérimentée de l'intérieur. L'immobilité physique qui empêche d'effectuer les simples actes quotidiens, tels que se laver, s'habiller ou manger, est vraiment douloureuse. Mais quelle joie procure la reconquête d'un peu d'autonomie de mouvement ! J'avais trente-trois ans quand cet accident vint clore mon premier âge, celui de la jeunesse.

Voici maintenant cette épreuve de la séquestration. Cet événement, qui intervient au cours de ma 58e année de vie, marque la fin de mon second âge, celui d'adulte actif et entrepreneur. Si ce temps

---

2 Il est actuellement missionnaire de la SMA au Libéria.

s'achève par ma libération, il ouvrira la porte d'entrée de mon troisième âge. Espérons que ce soit celui de la sagesse, celui en tout cas d'un homme neuf avec un cœur neuf.

Il pourrait marquer aussi ce que pour l'instant je ne vois qu'en germe, à savoir une nouvelle vocation : libéré pour libérer et proposer à tous une Parole qui libère et rend la vie belle. Ne jamais emprisonner les personnes, les posséder, les retenir et devenir pour elles un point de référence, mais leur ouvrir de nouveaux horizons et laisser chacun libre de choisir mais aussi de se tromper. Pardonner toujours, faire émerger la vérité, aimer et laisser grandir, aider chacun à se tenir debout sur ses jambes. Savoir aussi reculer d'un pas pour que l'autre émerge. Conseiller, non imposer, accompagner et ne pas se mettre en avant. J'ai commis tant d'erreurs dans le passé… je le reconnais.

## *Drones et fuite à pied dans la nuit*

Le 30 janvier, ils m'ordonnent de ne pas allumer de feu pour la cuisine. Un bruit persistant de moteur plane dans les parages, peut-être un drone ou un hélicoptère. Un malaise plane sur le groupe pendant tout l'après-midi. Vers 16 heures, ils décident de se séparer. Ils me disent de prendre ma veste couleur de sable, deux bouteilles d'eau et nous partons à pied dans les dunes. Je suis accompagné par deux d'entre eux. Quand le bruit se rapproche, nous restons immobiles et accroupis. Nous marchons jusqu'au coucher du soleil et c'est seulement après que le groupe se réunit à nouveau.

Je passe la nuit étendu sur le sable, le regard vers les étoiles. Il fait très froid et je me recroqueville dans mes vêtements. Dans l'obscurité, je vois trois d'entre eux s'éloigner. Une heure après, ils reviennent avec la voiture pleine du matériel du campement qu'ils ont rapidement démonté. Ils me donnent la natte et les couvertures grâce auxquelles je peux enfin me réchauffer et me protéger du froid piquant. Le matin suivant, nous repartons en voiture et avant le coucher du soleil, ils ont déjà installé un nouveau refuge, bien camouflé sous un arbre épineux. À dire vrai, les dimensions sont un peu réduites et il ressemble plutôt à une « niche ». Quand je suis allongé sur la natte, mes pieds dépassent de la toile qui me sert de tente.

Le vent violent du désert met à l'épreuve la solidité du petit abri. Mais grâce aux branches épineuses, la toile résiste. Ce lieu semble conforme aux attentes du groupe qui retrouve sérénité et tranquillité. Tout est silencieux autour de nous ; on n'entend plus de bruits de moteurs dans le ciel.

Seul Abdoul Haq ne trouve pas la paix. Son mal de dent s'est réveillé avec plus de force, et le « dentifrice magique » qu'il est venu me demander de nuit n'a servi a rien. Malheureusement, cette fois, l'effet n'est pas celui espéré, et le matin suivant il souffre à en avoir le visage déformé. Il se plaint jusqu'aux larmes de sa douleur intense. Ils me demandent d'abord si je sais enlever la dent puis décident de le transporter d'urgence je ne sais où pour l'opération d'extraction. La voiture revient dans l'après-midi sans le patient que, me disent-ils, ils ont laissé à l'hôpital. Peu après arrive une autre voiture qui apporte des provisions de nourriture pour le mois suivant. Tard dans l'après-midi, on entend de nouveau des bruits de drone et l'alerte est déclenchée : il faut éteindre tous les feux et cacher tout objet métallique sous la tente ;

quant à moi je dois rester terré. Ils me retirent même la petite pile (à LED) que j'utilise la nuit. Ils craignent que je ne lance des messages lumineux.

Tôt le matin, je suis réveillé par un *moudjahidin* qui me rend la pile et m'annonce qu'il faut tout démonter et partir immédiatement. On est le 7 février 2019. Nous chargeons les voitures et je dois monter dans celle du chef de l'approvisionnement. Nous partons les premiers, pendant que Bachir et les autres terminent le nettoyage du camp de sorte à ne laisser aucune trace suspecte. Nous voyageons toute la journée, direction est-sud-est, entre les dunes et de larges espaces sur lesquels nous accélérons jusqu'à 90 km/heure. Nous atteignons en début d'après-midi une dépression où le chef décide de s'arrêter. Ils me font asseoir à l'ombre d'un arbre épineux et nous mangeons quelque chose en attendant l'arrivée des autres qui nous rejoignent quelques heures plus tard. En un rien de temps, le nouveau camp est installé, je dispose de ma tente et restaure mes forces. Contre le froid nocturne, j'enfile mon pyjama multi couches qui a fait ses preuves. Le matin, le vent se lève, familier de cet endroit. Cette vallée, qui m'accueille pendant tout un mois, je l'ai baptisée le « couloir du vent ».

J'espère que c'est la dernière étape de la mise au point de l'aérodynamique de la nouvelle vie du missionnaire Gigi. Le 11 février, je décharge toute ma peine sur la Vierge de Lourdes. Le jour suivant, je reçois une confidence de mon élève qui continue fidèlement son apprentissage du français : il me révèle que l'ordre du chef est d'attendre ici jusqu'à la pleine lune de mars. Puis, eux s'en iront et – ajoute-t-il – toi aussi peut-être.

*Des hirondelles qui annoncent un autre voyage*

Le 20 février, Bachir me rend visite pour me donner dix boîtes de légumes et m'annoncer que d'ici trente jours tout sera fini. Pendant ce temps, la chaleur commence à devenir de plus en plus intense. Le vent souffle fort, même de nuit, pendant plusieurs jours. Je renforce le côté de mon refuge exposé au vent, à l'aide de bâtons et de cordes, et me protège à l'intérieur : impossible de rester dehors sans avaler de la poussière.

Mes pensées s'enchevêtrent toujours autour de la même question : pourquoi tardent-ils tant à me libérer ? Le premier mars passe une hirondelle, mais, on le sait, une hirondelle ne fait pas le printemps. Le matin, je suis réveillé par le chant de nombreux oiseaux qui font la fête sur les branches du petit arbre qui m'abrite.

Dimanche 3 mars, je célèbre la messe en pensant à la parole des martyrs d'Abitène[3] qui avouèrent devant leurs persécuteurs : « Sans le dimanche nous ne pouvons vivre. » À leurs persécuteurs qui leur demandaient s'ils avaient chez eux les Écritures, ils répondirent : « Nous les gardons dans notre cœur. »

Comme eux, je n'ai la Parole de Dieu que dans mon cœur. Je suis sans Bible et sans bréviaire, mais non sans la prière du cœur. Je ne peux vivre sans le dimanche, c'est pourquoi je célèbre en communion spirituelle avec l'Église et les communautés chrétiennes éparpillées dans les villages de la vaste mission de Bomoanga. Je m'offre moi-même, je communie spirituellement à l'Eucharistie et je prie

[3] Il s'agit de 49 chrétiens exécutés en 304 dans l'actuelle Tunisie.

pour les nombreuses intentions et personnes qui me sont chères.

Le lendemain, Bachir m'annonce que le 22 mars je serai libéré. Vrai ? Faux ? Plaisanterie ? J'espère seulement qu'on mettra bientôt fin à la souffrance de ma famille et à la mienne. Je suis le premier à me lever le matin : je prépare le thé, puis je fais une brève promenade ainsi que ma prière, et me retire à l'abri du soleil. La batterie de la pile à LED est presque vide, de même que mes batteries intérieures. Je prends pour la troisième fois une douche dans le Sahara avec cinq litres d'eau que j'ai l'autorisation d'utiliser pour me laver de la tête aux pieds et me débarrasser du sable du dernier mois. Un petit rafraîchissement contre la chaleur du début de l'après-midi. Puis je lave mes vêtements de rechange : pantalon, *boubou* et turban.

Abdel Nour suit assidûment son cours de français. Un jour, après la leçon, il me demande d'échanger son sac contre le mien. Le sien est légèrement plus grand et peut facilement contenir toutes mes affaires de rechange, mais le mien est plus neuf avec davantage de poches. J'accepte l'échange et je découvre imprimé sur son sac le mot ITALIA et le nom du sponsor de l'équipe nationale aux championnats mondiaux de foot d'il y a quelques années. Je le perçois comme un bon présage. Le matin suivant, Abdel Nour vient chez moi avec un gros morceau de pain qu'il vient de préparer. J'apprécie sa gentillesse, une goutte d'humanité que j'accueille à deux mains, et je le remercie d'un sourire complaisant.

Le vent est tombé et la température monte. Quand il n'y pas un souffle d'air, il fait vraiment chaud, particulièrement aux premières heures de l'après-midi, mais la nuit le blouson et la couverture servent encore. Au petit-déjeuner je commence à retirer les différents habits enfilés les uns sur les autres, jusqu'à rester en T-shirt à manches courtes.

Je devine, aux manœuvres de Bachir avec la voiture, que demain nous changerons d'endroit. J'en suis à mon 172e jour de captivité. Après le petit-déjeuner en effet, ils commencent à tout démonter. Nous quittons ce lieu où nous avons séjourné un mois entier. Nous devons nous arrêter sur la route à cause d'une crevaison à l'habituelle roue avant droite. Doués pour ces opérations, ils changent la chambre à air et gonflent la roue avec le compresseur portable attaché à la batterie de la voiture. Vers 10h00, nous arrivons dans un endroit isolé. Ils déchargent tout et la voiture repart avec à bord Bachir et Abdel Nour. Les trois autres membres du groupe montent un refuge provisoire, juste pour me protéger du soleil. Seul avec moi-même, je pleure nerveusement. J'ai l'impression qu'ils ne m'ont dit que des mensonges sur la fin de cette mésaventure en concomitance avec la pleine lune du 22 mars. De nouveau je me questionne : « Seigneur, pourquoi m'as-tu abandonné ? »

Bachir rapporte un baril d'eau et repart encore, nul ne sait où. Il ne revient pas pour la nuit. Nous mangeons quelque chose puis mes ravisseurs aperçoivent un serpent non loin d'eux et le tuent. Après le dîner, je reste étendu sur le sable à regarder les étoiles. Nuit froide mais supportable. Je suis le premier à me réveiller et je m'éloigne pour la toilette. Puis je prépare le feu et le thé et je fais les cent pas.

Dimanche 10 mars, je célèbre la messe en plein air derrière la tente, côté ombre, et devant moi, l'autel du Sahara. Je pense particulièrement à mon neveu

François : aujourd'hui, c'est son 17e anniversaire et le troisième anniversaire de la mort de ma mère.

Dans l'après-midi, Bachir et Abdel Nour reviennent avec une brebis qui est aussitôt immolée. Ils préparent à manger les parties molles et me donnent le foie braisé. Il est de tradition dans certaines ethnies africaines d'offrir à l'invité le « morceau du roi », habituellement le foie et les rognons. Le casse-croûte terminé, ils me disent de tout enlever : nous repartons.

Et nous voilà en route pour deux heures, jusqu'au coucher du soleil : direction ouest. Dîner composé de pain et d'un mouton à la braise. Nuit sous les étoiles, tous debout tôt le matin, thé rapide et départ. Nous voyageons jusqu'à 10h00 vers l'ouest. À côté de moi est assis Abdel Nour. Il m'informe que nous nous dirigeons vers la Mauritanie et que, de là, j'irai en Italie. Sur la route, nous croisons les traces d'autres voitures. Nous faisons un arrêt près d'un puits, puis nous poursuivons derrière une dune peu éloignée. Nous patientons là tout l'après-midi, mais personne n'arrive. Je prépare du bouillon de viande pour le dîner et je m'apprête à dormir sous les étoiles.

### *Un autre otage*

Tôt dans la matinée du 13 mars, nous partons pour arriver une heure après à un rendez-vous. Il y a en effet un chef qui parle bien français et m'assure qu'une négociation est en cours avec un émissaire italien. Pour moi, dit-il, c'est le temps de la « grande patience et du grand repos ». Il m'offre du café et m'invite à m'abriter sous la toile de sa voiture. Je lui demande des nouvelles du monde et il évoque la protestation des *gilets jaunes* en France qui manifestent tous les samedis contre le prix de l'essence et les taxes.

Mais ma plus grande surprise est quand il m'annonce que je rencontrerai d'ici peu un autre otage italien. Je fais ainsi la connaissance de Luca Tacchetto, de Vigonza (Pd), âgé de 30 ans et architecte de formation, enlevé le 17 décembre 2018 tandis qu'il était en voyage avec son amie Édith Blais[4], une Canadienne, sur la route qui relie la petite ville de Fada N'Gourma au Burkina Faso à la frontière du Bénin.

Il me raconte leurs vicissitudes. Après l'enlèvement, ils ont été emmenés en moto vers le nord par des *fulani* puis remis aux Arabes du Mali. Il y a une dizaine de jours, ils ont enregistré une vidéo et tout de suite après ont été séparés. À partir d'aujourd'hui, il partagera sa captivité avec moi. Mais qu'est-ce que cela peut bien signifier ? Le gouvernement italien est-il en train de négocier pour nous ? Est-ce pour cela qu'ils nous ont regroupés ?

Nous nous tenons compagnie en nous racontant nos mésaventures. Les deux jours suivants s'écoulent ainsi rapidement, entre conjectures et hypothèses qui s'achèvent toujours sur un profond soupir : « Espérons que cela finisse vite. » Luca me demande de lui parler de la Bible, me questionne sur l'Église et le pape François, qu'il estime. Il me parle de sa famille, de son histoire et de sa rencontre avec Édith lors d'un séjour au Canada pour le travail. Nous avons des parcours différents, par certains aspects opposés, mais en ce moment, nous partageons le même sort.

---

[4] É. Blais, *Le sablier. Otage au Sahara pendant 450 jours*, Montréal, Les Éditions de l'Homme, 2021.

La compagnie de Luca est un cadeau. C'est un jeune positif et il n'est nullement abattu par cette histoire. Nous bavardons aussi de sport, de construction d'édifices et d'architecture. Je lui demande même de « photographier » par un dessin la tente et les ustensiles qui font partie de notre vie quotidienne.

Mais les interrogations qui refont surface de temps à autre sont toujours les mêmes : qu'attendent-ils pour nous libérer ? L'émissaire italien est-il vraiment en contact avec eux ? Pourquoi avons-nous été réunis ? Peut-être pour faire un unique « colis postal » pour l'Italie ? Serons-nous rentrés pour Pâques ? Espérons...

Personnellement, je crains la chaleur qui ne cesse d'augmenter. La saison sèche est synonyme de climat brûlant. Ainsi en était-il à Bomoanga, dans le vert Sahel nigérien, et je ne sais comment cela sera dans ce désert aride. Notre attente se poursuit entre la chaleur du jour et une relative fraîcheur la nuit.

Dimanche 24 mars, je fais mémoire des missionnaires martyrs, comme c'est la tradition dans l'Église catholique. Je célèbre la messe avec Luca, en mémoire aussi du 96e anniversaire de sa grand-mère, et nous prions pour nos familles. Aujourd'hui, j'ai sorti de mon sac la moustiquaire pour nous protéger pendant la journée contre les petites et grosses mouches qui sont très nombreuses à nous tourner autour. Luca ne supporte pas cette invasion ; la moustiquaire lui rend un peu de tranquillité.

Nous discutons sur de nombreux sujets, et nous imaginons aussi plusieurs scénarios possibles. L'éventail est large : des plus positifs et optimistes aux plus négatifs et pessimistes. Luca se refuse à imaginer un temps long de détention, mais prend conscience que nos familles souffrent plus que nous. Les rêves qu'il me raconte le matin parlent de cette lutte intérieure qui l'angoisse, mais la journée, nous cherchons des distractions pour occuper nos esprits. Nous avons reçu en cadeau deux stylos et deux cahiers chacun, et nous nous défions à la bataille navale et aux mots croisés que nous inventons et nous échangeons. Le temps passe aussi à jouer aux cartes. Luca en a dessiné sur les sachets de thé Lipton.

Sa compagnie est une présence qui me console, nous nous soutenons mutuellement. À deux, la journée est moins pénible, quoique toujours très longue. Tous les soirs, nos conversations sous les étoiles sont pleines de conjectures. Nous sommes conscients de la gravité et de la complexité de notre situation. Nous cherchons à comprendre et à analyser les détails dont nous disposons. Avec réalisme, nous reconnaissons que nous sommes en mauvaise posture. Mais chacun à notre tour, nous tentons d'identifier une raison d'espérer pour ne pas laisser notre humeur s'assombrir complètement. Nous nous sommes aussi promis que cette expérience marquerait l'année zéro d'un nouveau départ.

Dans le dernier groupe qui nous a pris en charge, je retrouve un jeune qui m'avait surveillé pendant la première période, entre fin 2018 et début 2019. Tous sont très jeunes, âgés probablement d'une vingtaine d'années : nous avons surnommé le chef, le « grand bambin ».

### *Pâques en larmes*

Depuis trois jours, le repas se résume à du riz blanc. Ni pain, ni sardine, ni viande, ni légumes en boîte, ni fruits au sirop… Les réserves sont finies : résister pour exister. L'humeur aussi est basse.

La chaleur ne laisse aucun répit pendant la journée. Je me mets souvent en bermuda et T-shirt. La nuit, le vent souffle et la poussière de sable s'infiltre partout. Chaque matin, nous nous aidons à secouer nos couvertures.

Nous approchons des 200 jours de prison ; je suis prostré et abattu, je mange et je bois tristesse et amertume. Seule la prière entretient l'espoir de « ressusciter ».

Depuis une semaine nous sommes en avril. J'ignore quand commencera la semaine sainte et je vis cette fin de semaine comme si c'était celle du *triduum* pascal. Le jeudi, je renouvelle mon offrande comme prêtre, vie donnée pour l'Évangile et pour le monde, et je prends une douche réparatrice. Le vendredi, je médite le chemin de croix et je jeûne de pain et d'eau. Le samedi, je fais mémoire des communautés de Bomoanga qui avaient l'habitude de se réunir pour les baptêmes, la sainte nuit de Pâques. Le dimanche, je me résigne à vivre la fête la plus importante de l'année au milieu des dunes du Sahara.

Avant de m'endormir, je souhaite une bonne fête pascale à Luca, et tout de suite après je ressens une vague d'émotion, en silence : un découragement baigné de larmes de résurrection. Ma nuit est agitée et mes pensées vont aux danses pascales, qui sonnent faux dans mon cœur triste.

Le matin de Pâques n'apporte aucune lumière. Luca n'est pas de bonne humeur ; lui aussi avait espéré que Pâques sonnerait l'heure de notre libération. Nous cherchons à nous donner du courage, en parlant des traditions et des valeurs qui sont renouvelées chaque année, comme le repas pascal en famille. Nous ne voyons aucune lumière au fond du tunnel. Nous célébrons ensemble la messe pour faire mémoire de cet événement central pour notre foi. Mais le déjeuner et le dîner ont la frugalité habituelle. Seul un peu de viande apporte une touche festive au maigre riz blanc.

Les grandes fêtes de Noël et de Pâques ont mis le doigt sur la plaie. Je comprends combien sont importants les liens familiaux et d'amitié à présent que toute communication est rompue. Je peux seulement utiliser celle du cœur qui est composée de prière et d'espérance.

J'ai l'impression que nous sommes « parqués » en attente d'on ne sait quel événement. Est-il possible qu'en sept mois aucun accord n'ait été trouvé ? Bien sûr, cela finira, mais quand, nous sommes incapables de l'imaginer. Combien de temps encore pourrai-je résister ? Je ne comprends pas pourquoi personne ne se préoccupe de nous. Ce qui me réconforte est de penser qu'ils ne nous garderont pas toujours prisonniers. Mais jusqu'à quand ?

Un doute m'assaille : que mes amis et ma famille me tiennent désormais pour mort. Depuis sept mois je suis sans nouvelles. Je suis un cadavre qui respire. Je suis Job, accablé et prostré, privé de tout. Il ne me reste que Dieu auquel j'adresse questions, prières, plaintes, mais que je n'insulterai jamais, en aucun cas ! « Seigneur, viens vite à mon aide. »

La compagnie de Luca et les instants de partage remplissent mes journées, même s'il reste de longs moments de silence et de solitude affective. Nous échangeons sur les souffrances endurées et les espoirs nourris. C'est une compagnie qui me restaure et qui allège le poids de ces journées qui seraient sinon privées de présence amicale.

Le mois d'avril s'écoule entre hauts et bas. Je vis, malgré tout, dans une attente confiante. Vendredi 12 avril, je commence à écrire quelques réflexions qu'ensuite je lis à Luca et qui deviennent l'occasion de commentaires et d'échanges entre nous. Ils expriment mon état d'âme durant ce long temps de silence, mais non silencieux. Je suis agité par de nombreuses questions et réflexions suspendues dans le vide en l'absence de gravité.

## *Quelqu'un dont le nom est Personne*

Mon nom est Personne, dit l'astucieux Ulysse au géant Polyphème quand il fut emprisonné sur l'île des Cyclopes. Depuis sept mois, j'erre sans but et je suis perdu dans cet océan de sable. Prisonnier de l'île de l'Azawad[5] qui n'existe pas encore, mais que les *moudjahidin* d'Afrique et les fils d'Al-Qaïda voudraient faire émerger de l'immense étendue informe du Sahara.

Je ne suis personne, et pourtant ils m'ont traîné dans ce désert pour que j'expie des fautes que je n'ai pas commises et pour m'utiliser comme monnaie d'échange, mais je crains qu'en vérité ce troc n'intéresse personne. Personne ne donne signe de vie, et qui sait s'ils paieront pour personne. Pour l'Église, un prêtre voué au martyr n'est pas une nouveauté

[5] Territoire transversal du désert du Sahara dont quelques groupes djihadistes (cf. Mouvement National de Libération de l'Azawad, MNLA) voudraient faire un État indépendant.

dont on se préoccupe. Un missionnaire qui croit en un monde de fraternité, sans armes ni abus, n'est pas politiquement correct. La réalité est plutôt composée des lobbies financiers du pétrole et des armes.

La grandeur de la France devait être fondée sur les piliers que sont la *Liberté*, l'*Égalité* et la *Fraternité*. Mais qui l'a faite championne armée des droits de l'homme internationaux ? Son interventionnisme en Afrique est-il vraie philanthropie ou simplement sauvegarde de ses intérêts nationaux (et gare à celui qui y touche) ? Est-il vrai que l'Afrique, avec ses 54 États indépendants, libres, souverains et sur un pied d'égalité avec ses anciens colonisateurs, n'est qu'un continent ingrat et sans mémoire, incapable d'apprécier tout le bien historiquement reçu ?

Personne ne parle, mais tous savent. Dans ce chaudron où bout la colère des opprimés, ils m'ont jeté moi aussi. Je me retrouve otage parce que blanc et donc occidental ; italien et donc européen ; chrétien et donc *kafir*, c'est-à-dire infidèle et impur. Le tout se résume en ennemi de l'islam, parce que dans ces lieux le fanatisme djihadiste est convaincu que l'Occident a déclaré la guerre aux musulmans et veut les anéantir.

Malheureusement pour moi, les combattants du GSIM ignorent que je suis Personne. Je suis perdu et pris entre l'enclume et le marteau : les uns voient la rançon ; les autres ne voient personne.

Les jours passent et les mois s'écoulent. Ce qui me procure de la force pour résister est de savoir que quelqu'un attend mon retour dans mon Ithaque aimée. Le fil de l'espérance n'est pas rompu et continue à tisser la vie, puisque je sens en moi la force de Pénélope.

Les oiseaux de malheur jacassent dans le ciel, mais là-haut, bien plus haut et au-dessus de tout, il me reste Dieu. Je lève les yeux sur l'horizon de dunes et me surprends à prier à l'aide du psaume 120 : « D'où le secours me viendra-t-il ? Le secours me viendra du Seigneur qui a fait le ciel et la terre. »

### *Conjectures*

Sept mois exactement ont passé depuis mon enlèvement, et toujours rien. Aucun indice d'une bonne nouvelle. Calme plat. Les températures du désert montent inexorablement de jour en jour. La nuit seulement, la fraîcheur permet un repos presque normal. Sur ce matelas de sable, je ne me réveille que lorsque je change de position, à cause d'un léger mal de dos qui fait craquer mes vieux os.

Malgré la vidéo qui devait servir de preuve et d'attestation pour identifier les vrais auteurs de mon enlèvement, à ce jour, aucun indice n'arrive d'Italie laissant supposer que quelque chose bouge. Peut-être ont-ils demandé une rançon disproportionnée ? Dans l'imaginaire de nombreux Africains, les « blancs », on le sait, ont de l'argent.

À moins que le gouvernement n'ait pas souhaité intervenir pour un prêtre-missionnaire, « employé » donc de l'Église ou, au mieux, de l'État du Vatican ? Et ma communauté SMA, pourquoi ne fait-elle rien ? En résumé, s'il y a eu un contact, si une négociation a été entamée, pourquoi tous ces mois d'attente ?

La lenteur africaine est proverbiale, mais tout aussi célèbre est la capacité des sociétés occidentales à réagir rapidement. Qu'est-ce qui bloque alors ?

Encore, si j'étais seul ! Mais à présent il y a Luca Tacchetto, mon compagnon d'infortune. Lui a été enlevé avec Édith trois mois après moi et conduit au Sahara début janvier 2019. Lui aussi a fait une vidéo et se trouve maintenant « parqué » ici dans l'attente d'une libération que nous espérions proche.

Ensemble, sous les étoiles, nous continuons à nous livrer à de nombreuses conjectures, des plus optimistes aux plus négatives. Deux points nous semblent acquis, entre lesquels courent les multiples hypothèses que nous formulons : ils ne montrent aucune intention de nous tuer ; ils n'ont aucun intérêt à nous garder éternellement prisonniers.

En raisonnant froidement, inspirés par la logique et par un sain réalisme, nous concluons qu'ils nous ont peut-être mis ensemble « pour peser plus lourd » auprès du gouvernement italien qui ne voulait peut-être pas se mêler de mon cas.

Nos ravisseurs nous ont aussi confié qu'ils voulaient une négociation exempte de médiatisation. C'est plausible, mais est-ce vrai ? Ils nous ont raconté tellement de mensonges… comme pour confirmer que « en guerre, la première victime est toujours la vérité ».

De nombreuses questions restent en suspens : que font-ils pour nous de l'autre côté de la Méditerranée ? Pourquoi tout ce temps ? Combien en faudra-t-il encore ? Quand finira cette lente agonie ? Peut-être y a-t-il un problème de communication ? Cela semble paradoxal à une époque qui se targue de communiquer en temps réel.

Notre fragile espoir est qu'Édith ait été libérée, comme le pense et l'espère Luca. C'est une femme et elle est canadienne. Le Canada est un grand pays, peut-être plus pragmatique et plus efficace. Pourquoi, sinon, Édith aurait-elle été séparée de Luca tout de suite après la vidéo du 3 mars dernier ? Probablement parce que sa négociation a été plus rapide. Luca aurait été réuni à moi pour que la « vente » soit conclue séparément. Si Édith a été libérée, nous aussi nous pouvons espérer notre relâchement. Nos gouvernants ont certainement été informés par leurs collègues canadiens et peuvent désormais savoir à quelle porte frapper pour notre négociation.

Le regard tourné vers le ciel, nous échangeons questions et réflexions. La parole s'interrompt à la vue d'une étoile filante, puis la conversation reprend avec d'autres interrogations et hypothèses.

Certains diront que nous l'avons cherché. Que fait un missionnaire italien au Niger non loin du Mali qui est classé « zone rouge » ? Et un touriste qui voyage en voiture du nord au sud d'une Afrique traversée de frontières à risques ?

Des questions dérangeantes ou peut-être légitimes, mais certainement superficielles et non documentées, qui cachent la véritable question de fond. Qui alimente la guerre ? Et le terrorisme ? Qu'y a-t-il derrière ces conflits ? Pourquoi des bases militaires étrangères subsistent-elles dans les anciennes colonies ? Est-il vrai que désormais les bombes sont guidées ? Et que les nombreuses victimes innocentes parmi les populations civiles ne sont bien sûr qu'un « dommage collatéral » ?

Les guerres n'ont jamais résolu les problèmes. Même si, au siècle dernier, on a mis fin à deux guerres mondiales au moyen de bombes atomiques sur Hiroshima et Nagasaki, et s'il y a eu d'autres conflits armés plus ou moins récents dans les Balkans, en Irak, en Afghanistan, en Libye et en d'autres pays, certains continuent de croire à la *Pax romana* à coups de canons et d'armes de plus en plus sophistiquées.

Aujourd'hui, le monde musulman est en émoi et en état d'alerte parce qu'il redoute un complot occidental pour le supprimer à grande échelle. Une crainte alimentée par la propagande djihadiste qui s'appuie sur des lieux communs et sur l'ignorance de ses recrues.

Je crois au contraire que ce qui est utile, ce sont d'autres réponses et des prophètes de paix. Ce qui compte, c'est l'école et l'instruction pour tous, le travail et un avenir pour les jeunes et surtout, des gouvernants responsables et compétents et non des intrigants et des autocrates égoïstes et corrompus. L'Afrique a besoin d'écoute, de respect et de développement. Seul le dialogue avec tous et le souci du bien commun produira paix et bien-être. Les extrémismes, qu'ils soient politiques ou religieux, conduisent à une impasse, ce que rappelle continuellement l'histoire, qui devrait être *magistra vitae*. Mais de nombreuses personnes, aujourd'hui encore, souffrent d'amnésie ; ce n'est pas pour rien que le mal de notre époque est l'oubli qui s'accompagne d'indifférence. Je m'engage, en première ligne, comme homme et comme croyant pour une Afrique alternative à toute forme d'extrémisme.

Une nuit de septembre, ils m'ont enlevé et à présent, je paye pour des fautes que je n'ai pas commises ; mais ce qui me blesse plus que tout, c'est le jugement hypocrite et populiste qui pense que j'aurais mieux fait de rester chez moi. Je crois au contraire qu'il est temps de prendre la direction opposée. Peut-être est-ce pour cela que je paye...

Je me sens en communion avec de nombreuses victimes innocentes, tuées dans des attentats ou des massacres planifiés par le terrorisme international. Je pense aux tueries perpétrées au Bataclan[6] à Paris, à Nice sur la Promenade des Anglais[7], sur les Ramblas[8] à Barcelone. Toutes ces victimes sont-elles coupables de ne pas être restées chez elles ? J'ai envie de répliquer par un vieux dicton revu et corrigé : « L'innocence ruine celui qui ne l'a pas. »

[6] Attentat terroriste du 13 novembre 2015 ; 90 jeunes moururent.
[7] Attentat du 14 juillet 2016, perpétré par un loup solitaire affilié à DAESH ; 86 personnes moururent dont 10 enfants.
[8] Massacre du 17 août 2017 qui fit 15 victimes.

## 3.

## PRINTEMPS

C'est aujourd'hui le 21 avril. En Europe, le printemps triomphe. La nature s'est déjà réveillée depuis longtemps, les germes de vie nouvelle ont éclos, l'espérance est revenue. Dans le désert saharien, au contraire, il n'y a rien de nouveau sous le soleil impitoyable qui brûle et annihile tout. Les printemps arabes, avec leur promesse de changement et de renouvellement, se sont rapidement « évaporés ». De même, ma confiance et celle de Luca ne semblent pas se transformer en un quelconque germe de liberté. Comme les deux disciples d'Emmaüs, nous nous éloignons chaque jour davantage de l'horizon espéré. Nous ne voyons aucun pèlerin venir partager la route avec nous et nous montrer ce fil rouge qui peut expliquer et donner un sens aux nombreuses questions qui agitent nos pensées.

Nous avions espéré que notre regroupement serait la dernière étape de notre exil; mais cette longue attente n'en finit pas. Notre résistance est mise à dure épreuve.

Luca espérait que le jour heureux de la libération serait le 18 avril, jour de l'anniversaire de sa maman. J'avais misé sur le 21, anniversaire de mon neveu Nicola. Rien de tout cela. Je cherche à rester positif pour soulager un peu mes blessures intérieures, mais les élancements de douleur ne manquent pas pour me ramener à la cruelle réalité et pour me faire sentir, presque physiquement, la souffrance de mes proches et de tous ceux qui sont en peine avec moi et pour moi. Quand finira-t-elle cette nuit obscure, ce calvaire ? Quand le printemps arrivera-t-il vraiment ? Quand la lumière de la résurrection éclairera-t-elle la vie de l'homme nouveau qui veut naître en moi après cette longue gestation ?

Aujourd'hui c'est Pâques, c'est-à-dire un nouveau commencement. C'est dimanche, le premier jour d'une nouvelle semaine. C'est le printemps et la création renaît. Mais il peut arriver qu'il tarde à se manifester ; néanmoins je ne permettrai à personne de me dérober l'espérance. Il finira bien par éclore et fleurir.

Aujourd'hui encore je fais mémoire de la Parole de Dieu et de sa présence avec mon compagnon d'espérance. Nous rompons le pain arabe que nous avons reçu ce matin au petit-déjeuner, le reste, c'est son Esprit de Vie qui le fera.

Le printemps est silencieux et fidèle à lui-même. Un proverbe le rappelle : « Un arbre qui tombe fait plus de bruit qu'une forêt qui croît. » Merci, printemps.

## *Sous les étoiles*

Les soirées avec Luca se passent en discussions sur différents sujets, y compris sur des thèmes bibliques, religieux ou ecclésiaux de son choix, qu'il approfondit avec plaisir.

Après avoir participé au catéchisme quand il était enfant, il a pratiquement cessé de fréquenter l'Église. Comme beaucoup de jeunes, il est très critique sur de nombreuses thématiques et traditions qu'il estime appartenir à la génération de ses parents – qu'il respecte et apprécie néanmoins – mais qui ne sont plus son *credo*.

Plus d'une fois ses questions et sa curiosité ont animé notre conversation et suscité chez lui une écoute attentive. Il m'a beaucoup touché, en particulier par son intérêt quand je lui ai parlé de personnages bibliques et de passages de l'Évangile qui sont pour moi « évidents » et que je supposais connus. Il se montrait même si attentif qu'il semblait les écouter pour la première fois. Il me donnait l'impression qu'il faisait un peu comme le « scribe » de l'Évangile (Mt 13, 52) qui tire de son trésor du neuf et de l'ancien, dans son cas des morceaux de vie et de foi qui étaient éparpillés et perdus dans sa mémoire.

Je me rends compte que les générations d'aujourd'hui ont besoin de nouveaux parcours d'annonce. En Luca, je revois la surprise de tant de jeunes africains, « analphabètes » de la Bible, qui suivent le catéchuménat en préparation au baptême. Je vois dans ses yeux la découverte des jeunes qui, dans les villages de la mission de Bomoanga où je me rendais, s'asseyaient au premier rang pour voir le film biblique que je projetais en début de soirée. Tout le village, fasciné, pouvait suivre l'histoire, traduite en simultané dans la langue locale.

C'est vraiment un temps de première annonce ou de nouvelle évangélisation, comme on dit aujourd'hui parmi les « spécialistes ». Il est temps, non seulement de raconter l'Évangile, mais aussi d'apporter de nouvelles réponses aux questions de chacun et surtout, d'offrir un nouveau vocabulaire de la foi. Il est temps d'écouter et d'intercepter les interrogations profondes de l'homme de la rue, mais aussi du croyant contemporain, critique et en recherche le long des frontières de la vie, du monde, de l'Église, du sexe, de la souffrance, de la science et de l'existence de Dieu.

Ce temps de captivité auquel je suis contraint est peut-être une pause salutaire dans ma course frénétique et agitée. Il m'oblige à regarder au-dedans de moi-même, à revoir le passé et à redonner de la force à l'essentiel. Combien de choses inutiles accumulées, combien d'idées, de projets, d'élans, d'aspirations, de désirs, de sentiments que les années ont redimensionnés ! C'est pour moi une occasion de relire le film de ma vie et de dépoussiérer la motivation initiale de ma vocation missionnaire d'amoureux de l'Évangile. C'est aussi un bain d'humilité qui passe par les humiliations et le mépris de ceux qui me considèrent comme un mécréant. Au fond, comme dit le proverbe : « À quelque chose malheur est bon. »

Aujourd'hui, Luca m'a demandé si ma foi sortirait renforcée par cette épreuve. Je lui ai répondu que je ne savais pas. Pour l'instant, je cherche à avancer jour après jour dans la fidélité et dans l'espérance. Peut-être que demain je comprendrai, mais pour l'instant beaucoup de questions en moi sont encore sans réponse. Je sais seulement que c'est un temps de souffrance et de purification. Mais j'ignore où cela me conduira.

Chaque soir nous nous disons : « Un jour de moins d'ici la libération. » Un petit pas vers la conclusion de cette mésaventure dont nous souhaitons qu'elle puisse arriver vite, même si nous craignons qu'elle ne tarde. Nous sommes ignorants de tout. Il me revient à l'esprit les querelles politiques qui ont retardé l'arrivée en lieu sûr de tant de navires de migrants perdus en Méditerranée. Dans notre cas cependant, nous ne savons pas ce qui réellement bout dans la casserole ni ce qui empêche ou ralentit les pourparlers auxquels est suspendu notre sort d'otages.

De mon point de vue, sept mois aux arrêts forcés sont un temps infini et je ne vois pas encore de lumière au bout du tunnel. Ceux qui doivent décider et agir n'évaluent pas bien sûr la situation selon les mêmes critères. Je vois arriver le brûlant mois de mai avec ses températures infernales. Je sens que ma santé se dégrade et que je m'épuise physiquement et psychologiquement. Je comprends que discerner le bien et négocier le mieux possible est normal et nécessaire, mais à trop tirer sur la corde on risque de la rompre. Nous, otages, nous risquons de devenir doublement victimes : d'une part nous avons subi l'affront de la séquestration, de l'autre nous souffrons des lenteurs qui peuvent se révéler dangereuses.

Couchés sur le sable, les yeux tournés vers les étoiles, nous suivons du regard le mouvement des planètes et des constellations. Nous faisons la course à celui qui verra le plus d'étoiles filantes. Souvent, elles me prennent par surprise, avec leur traînée de lumière, et je ne réussis pas à formuler à temps mon unique désir à leur transmettre. Entre paroles et silences, les heures s'écoulent, tandis que nos yeux cherchent à apercevoir, dans le ciel majestueux parsemé de lumières, notre bonne étoile.

### *Libération en fête*

En Italie, le 25 avril est traditionnellement la fête de la Libération. Jamais comme aujourd'hui le mot « libération » ne me semble aussi beau et digne d'être fêté. Je suis né libre, au 12 rue de la Liberté de mon village, non loin du monument aux morts pour la patrie. Aujourd'hui, une nation entière rend hommage aux nombreuses vies données pour la liberté. Maintenant qu'ils ont emprisonné un an de ma vie, je comprends mieux le drame et en même temps, la beauté de la liberté qui m'a été enlevée. Il m'est impossible de communiquer et d'avoir des nouvelles. Il n'y a que désert autour de moi, terre brûlée qui empêche et décourage tout désir de courir dans le vent.

Chaque jour, l'attente d'une libération meurt au coucher du soleil et ressuscite le matin. Cette captivité finira et la porte de la liberté s'ouvrira, comme il arrive pour toute guerre et ses lieux de détention forcée.

La nourriture pauvre et insipide qui m'est servie quotidiennement laissera place à des plats succulents et à des boissons choisies pour fêter comme il convient la libération tant espérée. Les cloches sonneront, parce que la fête n'est complète que lorsque le ciel et la terre dansent ensemble au rythme du souvenir. Dieu a créé l'homme libre et il se réjouit pour tout homme qui renaît à la vie. Lui est le Dieu de la fête et un banquet succulent est toujours servi pour chaque chaîne rompue et chaque personne libérée.

J'ai été fait prisonnier et même enchaîné à un arbre, mais mon cœur et ma pensée ont toujours été libres de prier et de voler au-delà des confins de l'espace et du temps. Parmi les hautes sphères de l'esprit, j'ai aperçu une nouvelle mission. J'ose dire avoir reçu le mandat de libérer tout être humain de toute forme d'esclavage et de captivité.

« La liberté n'est pas de rester sur un arbre, ce n'est pas le vol d'un oiseau, ce n'est pas non plus un espace libre, la liberté est participation », chantait Giorgio Gaber[1]. Les morts des guerres ont donné leur vie, contribuant activement et en première ligne, à nous offrir le cadeau de la liberté. La fête de la Libération du 25 avril en Italie continue à en faire mémoire et à nous transmettre à tous le même mandat. Trop de violences, d'abus, de chaînes, de prisons, d'injustices et de guerres continuent à être déclarés saints, justes, civils et nécessaires. Ce sont des insultes à l'homme et à la liberté qui nous a été donnée à prix d'or.

Rappeler et participer, c'est-à-dire prendre part, sont les mots de la responsabilité. Ils constituent l'engagement actif pour un monde nouveau, libre et libéré. « I care » (je m'intéresse, je prends soin), disait don Lorenzo Milani. Une devise qu'il a confiée comme programme de vie à tous les élèves de son école libre. Je m'y engage !

## *Éloge des innocents*

Plus j'y pense et plus je peine à trouver un sens à tout ce temps gâché à ne rien faire. Avril touche à son terme et sincèrement je ne réussis plus à donner une signification logique et cohérente à cette longue, triste et amère captivité. Pourquoi rien ni personne ne me libère de ce non-sens qui angoisse mon cœur suspendu dans le vide ? Je me traîne jour après jour dans cette dimension spatio-temporelle suspendue, l'horizon est infini et les étoiles sont là à regarder…

---

[1] Giorgio Gaber, La libertà (1973).

Je pense à tout ce qui a été programmé pour cette année pastorale 2018-2019. Je devais déjà organiser la rentrée scolaire de l'école de la mission. J'avais d'ailleurs donné rendez-vous au directeur de l'école primaire pour planifier le début de l'année scolaire, la réouverture du dortoir et de la cantine scolaire.

Le Centre nutritionnel devait redémarrer avec l'insertion d'une nouvelle sœur infirmière, attendue à Bomoanga en octobre 2018. J'aurais dû lancer la nouvelle campagne d'alphabétisation et prévoir la réunion de formation des maîtres des quatre paroisses du secteur pastoral. Il fallait aussi réactiver le programme de promotion de la femme, l'entretien des puits et le nettoyage annuel des pompes des villages, après la saison des pluies.

L'année pastorale aurait recommencé par la réunion diocésaine de début octobre. Je projetais aussi des travaux : terminer la clôture du terrain où devait s'élever la salle polyvalente et plusieurs *apatams*, de petites structures traditionnelles aux toits en paille, pour les étudiants de la nouvelle école supérieure de Bomoanga-Kiki. Le dépôt-pharmacie devait être mis aux normes, avec un local adapté pour le stockage des médicaments. Sans oublier les visites médicales de contrôle pour Monique, Bénédicte, Honorine et pour le groupe d'enfants atteints de drépanocytose pour lesquels j'avais déjà pris rendez-vous chez le médecin spécialiste de Niamey pour le mois d'octobre. Et d'autres encore... Tout est tombé à l'eau !

Mon programme a été bouleversé dans cette nuit du 17 septembre 2018, quand j'ai été arraché à la réalité missionnaire de Bomoanga où je vivais depuis 11 ans. Après les premiers jours de désarroi et d'angoisse, je me disais que je retournerais à la mission pour Noël. J'espérais pouvoir reprendre mon poste au plus vite et repartir de là où tout s'était interrompu. Mais les jours et les mois se sont succédés inexorablement, et maintenant, je ne sais si cela finira, ni quand.

Un proverbe dit : « Qui sème le vent récolte la tempête. » Mais que signifie – je me le demande continuellement – semer le bien et récolter des fruits amers ? Je suis en outre innocent, je n'ai rien dit ni fait d'offensant, et jamais je n'ai été irrespectueux envers qui que ce soit. Je suis même opposé à toute guerre et toute forme de conflit, je cherche à vivre en communion et en harmonie avec ceux qui m'entourent et je ne me lasse pas de réclamer justice et paix. Malgré cela, je me retrouve catapulté au milieu d'un jeu de guerre et de terrorisme beaucoup trop grand pour moi.

Mes ravisseurs me disent que l'Italie participe à la guerre contre Al-Qaïda en Afghanistan. Au Mali et au Niger, elle soutient la force militaire, dite du G5, sous couverture de l'OTAN. Mais quel sens a d'impliquer des innocents seulement parce qu'ils sont nés dans un pays considéré comme « ennemi » ? Le plus petit doute n'effleure-t-il même pas l'esprit de ces djihadistes qui croient que tous les Italiens sont belliqueux ? De ces jeunes endoctrinés, auxquels j'expliquais être en Afrique pour construire la paix et son développement, j'ai entendu répondre que je devais rester chez moi. Ils ne sont même pas capables d'imaginer que quelqu'un puisse donner du temps, de l'énergie, de l'engagement, de l'argent et de l'amour gratuitement pour un monde différent. Ils pensent que les œuvres de charité cachent toujours une seconde fin, une intention dissimulée de *conversion* (entendue comme *perversion*) des fidèles musulmans.

J'ai aussi envisagé que mon cas pouvait être un casse-tête pour mes ravisseurs, mais aussi pour l'Italie laïque qui considère peut-être l'Église comme responsable de mon envoi au Niger, et donc redevable des frais et des conséquences. Ce ping-pong entre État et Église expliquerait que les mois défilent sans solution pour mon cas, quoique, sincèrement, cette thèse me paraisse un non-sens.

La seule hypothèse raisonnable est autre : je vis à mes dépens le drame des victimes innocentes qui servent de corollaire à chaque guerre et à chaque violence. Il en fut ainsi pour les saints Innocents de Bethléem qui payèrent de leur sang la soif de vengeance d'Hérode. Il y a des victimes innocentes chaque fois que des villes et des villages sont bombardés, malgré les bombes dites « guidées », qui à mon avis ne le sont jamais. Elles ne font que d'inutiles massacres de femmes, d'enfants et de nombreux civils qui payent de leur vie et de leur innocence le prix trop élevé et injuste de toutes les guerres. Les innocents sont souvent considérés comme le « mal mineur », un mal inévitable, selon les mots de ceux qui cherchent des justifications et des excuses. Personnellement je m'oppose à cette logique. Ceux qui bénissent une guerre en la définissant comme « sainte », « civile », « nécessaire », ou « pour la paix » blasphèment ! Je partage le sort des innocents et y compatis. Je souffre comme eux et m'offre avec eux pour un monde de paix. Je suis une victime innocente et je fais appel à Dieu !

## *Nouvelle vidéo*

Incroyable, j'ai aussi droit au mois de mai. C'est irritant, épuisant. Je ne sais plus quoi penser. Dans cinq jours commencera le ramadan, mois de jeûne obligatoire pour les musulmans. Et personne ne vient nous libérer. Luca devient irritable et je crains qu'il ne mijote quelque chose. Hier, ils nous ont mis entre les mains un téléphone portable pour que nous rétablissions une configuration que le jeune chef du groupe avait saboté par erreur. Luca a effectué l'opération et a pu constater que la géolocalisation était active. Ce qu'il a vu confirmerait notre hypothèse : nous nous trouverions plus ou moins vers la frontière avec la Mauritanie, à environ 500 ou 600 km de la route goudronnée. Une distance énorme, mais cependant faisable en voiture, avec le risque de s'enliser au milieu des dunes. Luca avance l'idée de partir à dos de dromadaire, mais je lui fais part de ma perplexité : nous n'avons pas l'habitude de dompter ni de monter ces animaux comme nous voyons nos habiles gardiens le faire. Et puis, il faut considérer que mai est le mois où le soleil tape le plus fort.

Luca voudrait me convaincre que la géolocalisation que nous avons captée est un signe du ciel pour confirmer que nos calculs sont corrects et qu'il faut donc tenter de fuir. Je pense qu'on doit patienter et nous tenir prêts à saisir une occasion plus propice. Le désert est leur territoire, non le nôtre; et eux sont munis de téléphones et ont des alliés partout.

À peine ai-je rangé mon carnet de notes que j'entends au loin une voiture. C'est le chef que nous avons appelé le « docteur » qui arrive avec un nouveau chauffeur. Il nous apporte du savon, des légumes et des fruits en boîte et nous annonce que nous devons réaliser une vidéo. Les choses semblent bouger, mais il n'en révèle pas beaucoup plus. Après le repas frugal, il nous invite à le rejoindre à son poste et nous sommes enregistrés en vidéo, séparément, avec son portable. Nous devons répéter exactement et exclusivement ce qu'il nous ordonne : nom, nationalité, période de la séquestration; nous devons ensuite remercier ceux qui négocient pour notre libération. Je réussis à glisser à la fin : « J'espère que la libération aura lieu bientôt. » L'enregistrement terminé, il repart en hâte. Peut-être est-ce la lumière au bout du tunnel ?

Aujourd'hui, c'est le 1er mai et le 226e jour de captivité pour moi. L'espoir me fait dire que d'ici maximum deux semaines ce sera la fin de cette histoire. La douche vespérale détend et purifie mon corps et mes émotions.

La nuit est chaude et peu reposante, mais le matin je vois que Luca est plus détendu psychologiquement. Le « docteur » nous a aussi apporté le texte du Coran en français, qu'il a confié à Luca, parce qu'il avait expressément manifesté son désir de le connaître. À présent, nous avons au moins de la lecture pour passer le temps.

Luca a aussi reçu du « docteur » un bref écrit d'Édith disant qu'elle est toujours prisonnière. Luca a pu lui répondre par écrit, mais a dû retirer le passage où il mentionnait qu'il était en ma compagnie.

### *Le Sahara et ses dix sœurs*[2]

La chaleur ne nous laisse aucun répit, ni le jour ni la nuit. Dans le désert, les températures peuvent frôler

[2] Dix mots qui en italien commencent tous par « S » : Soleil et Soif, Sable et Solitude, Épines et Souffrance, Souffle et Dérision, Étoiles et Espérance (Ndt).

les cinquante degrés (et plus). Je bois beaucoup de tasses de thé, mais il m'est difficile de me désaltérer. Je fais bouillir de l'eau matin et après-midi. J'ingurgite au moins 3 ou 4 litres de thé par jour, mais ne réussis pas à étancher ma soif. Soif d'eau et soif de vie se répondent, l'une est à l'image de l'autre. Jamais la soif de liberté qui me tenaille chaque jour ne s'éteint ou ne diminue. L'eau est le vrai trésor du désert. Les puits sont une mine de vie. Il paraît qu'il y en a plusieurs, environ tous les 30 km, d'une profondeur qui peut atteindre plus de 60 m. Généralement, l'eau que l'on extrait est incolore, inodore et sans saveur, ce qui n'est pas le cas des bidons qui la contiennent et la transportent.

Le soleil domine de toute sa puissance et la chaleur est une vraie torture pendant le jour. Je dois rester à l'abri, sous la toile et les branchages, pour me protéger de ses rayons enflammés. Aux heures de pointe, je dois aussi me couvrir la tête de mon chapeau à visière et de mon turban pour me protéger le visage et les yeux de la lumière, mais aussi du vent qui fait ressentir les températures comme plus hautes qu'elles ne le sont en réalité.

Le sable aussi est bouillant et il est impossible de marcher pieds nus, même pour quelques mètres. Les jambes sont lourdes et tout le corps est affaibli par un sentiment d'épuisement général. Le thé vert que je prépare sur les braises l'après-midi atténue la morsure de la soif, mais il est loin d'éteindre aussi l'aridité de la vie et le désir de liberté qui nous consume de l'intérieur et grandit chaque jour. Avoir de l'eau pour une douche ou pour rincer ses vêtements est un luxe qu'ils ne m'accordent que lorsqu'il y a le ravitaillement, soit une fois par mois, même si, de temps en temps, j'éprouve le besoin d'un rafraîchissement rapide, avec très peu d'eau.

Les alliés du soleil brûlant du Sahara sont le sable, les épines, le souffle omniprésent du vent et les étoiles. Le sable est partout : blanc, rouge, jaune, gris, il se colore d'ocre au coucher du soleil et d'une infinité d'autres nuances. Je le retrouve dans le pain, dans l'eau et dans la nourriture ; il est présent aussi dans les cheveux, les vêtements, entre les dents et dans les oreilles.

Mais si le soleil et la soif vont ensemble, le sable forme un duo avec la solitude. Ces mois de solitude physique et spirituelle sont trop longs. Toute communication est interrompue. Même Dieu me semble absent et je lui crie ma prière. La prison où je me trouve est une prison de sable, des kilomètres et des kilomètres de « vide » qui découragent toutes les hypothèses de fuite. La solitude enveloppée de silence fait que mon cœur se sent encore plus oublié et inconsolable. La compagnie de Luca, je l'ai accueillie comme un cadeau de l'Esprit Saint que je prie chaque jour avec la séquence de la Pentecôte. L'un des noms de l'Esprit est justement le Consolateur, c'est-à-dire celui qui se tient aux côtés de celui qui est seul. Je dois cependant reconnaître à cette situation un aspect positif. C'est dans ce contexte de grand silence que croissent en moi l'écoute et le désir de la Parole de Dieu. Sincèrement, je peine à saisir et à comprendre le sens de sa volonté me concernant, mais je devine que cette épreuve me change. C'est un tournant dans ma vie d'homme et de missionnaire.

Ce désert est aussi le royaume des épines : il y en a de formes et de dimensions variées. Elles sont grandes et repérables sur les arbres, les seuls capables de résister dans cet environnement hostile. Par leur longueur et leur épaisseur, elles constituent d'excellents cure-dents ; il suffirait de les rassembler, de les emballer et de créer un nouveau logo. Le produit saurait susciter la concurrence des marques les plus connues. Il y en a aussi de petites et d'invisibles sur l'herbe et sur le sable. Les petites semences d'herbe sont en effet enveloppées d'une gaine épineuse qui leur permet de s'ancrer facilement au sol. Elles sont comme des aiguilles très pointues ; impossible de ne pas être piqué si l'on marche pieds nus dans le sable moelleux, et on en attrape facilement sur les mains. Elles se glissent sous ma peau quand je ramasse, même avec beaucoup de précaution, un peu d'herbe ou de paille à mettre sur le tissu qui me protège du soleil. Même de nuit, entre les couvertures, il arrive qu'on en trouve piquées sur soi.

Qui dit épines dit souffrance, certes supportable parce que le corps s'habitue à tout, mais on ressent néanmoins la douleur. Depuis le jour de mon enlèvement, je n'ai jamais été malade ni blessé par les armes à feu qu'ils ont cependant pointées sur moi. Mais les vraies blessures sont invisibles et mon cœur est couronné de nombreuses épines. Ce qui m'éprouve le plus est de penser constamment à ma famille, aux communautés et à tous ceux qui souffrent pour et avec moi, et je souffre en retour. Voilà plusieurs mois qu'ils n'ont plus aucune nouvelle de moi, et peut-être désespèrent-ils de me revoir vivant.

La souffrance physique est souvent localisée en un point qui peut être soigné : la dent enlevée, la douleur disparaît habituellement. Mais celle que l'on éprouve dans la prison du non-sens, au contraire, est comme un cancer métastatique qui envahit le corps et le cœur. J'ai souvent pleuré, à cause de cette douleur intérieure. Je me sens comme les « captifs » de Michel-Ange : le grand sculpteur a volontairement laissé l'œuvre inachevée, pour exprimer l'angoisse et la douleur de formes qui désirent se libérer de la prison de marbre, mais qui en restent esclaves.

Certains disent que la souffrance est le burin de Dieu pour modeler l'homme nouveau. Personnellement, je ne partage pas une telle définition, qui me semble par trop masochiste. Je crois cependant que souffrir peut avoir un sens si la souffrance exprime le don de soi. Celui qui s'offre souffre. L'offrande de soi n'est jamais exempte de souffrance physique et spirituelle. Je souffre et je m'offre, comme je le répète à chaque célébration. Je fais miennes les paroles de la consécration : « Ceci est mon corps offert. » Ma vie s'offre et mon cœur, couronné d'épines du Sahara, souffre.

Et puis le vent ne manque jamais. J'ai traversé des tempêtes de sable, j'ai vu des tourbillons qui détruisaient tout sur leur passage. Le vent, on le sait, est turbulent ! Il s'est déchaîné le jour de mon enlèvement et a dispersé en un instant des années d'une mission belle et positive. Mais il a aussi soufflé comme une brise légère pour rafraîchir mes chaudes journées de découragement et de dépression. Un proverbe africain dit : « Le vent qui disperse la farine de la femme âgée (qu'elle fait sécher au grand air), est le même qui refroidit le petit-déjeuner de l'enfant. »

La bourrasque de l'enlèvement m'a renversé et souffle encore sur moi des paroles de mépris et de dérision. Mes ravisseurs m'ont dénigré et traité de façon outrageuse. Je n'avais jamais vu de telles attitudes de la part de jeunes africains à l'égard d'une personne âgée ou simplement d'un frère plus âgé. Le vent hostile et obscurantiste du fondamentalisme a dispersé les valeurs sacrées de l'hospitalité et du respect de l'ancien dont l'Afrique est maîtresse. Je me suis senti à la merci d'un déferlement de haine : j'ai été insulté, moqué et enchaîné comme un chien infidèle. Ce sont des blessures qui ont marqué au sang mon cœur.

Mais je dois reconnaître que le souffle du vent saharien a aussi restauré mon corps éprouvé par la chaleur et la sueur. Les froides nuits du désert ont tiédi ma colère et tempéré la canicule, mais surtout, m'ont aidé à définir l'homme nouveau. Dans le silence et la prière, j'ai relu ma vie et réaffirmé mon « oui » de consécration à l'Évangile et à la mission.

Cette année, je n'ai célébré aucune fête liturgique; ni Noël, ni Pâques, ni la messe chrismale avec le renouvellement des promesses sacerdotales annuelles; mais le souffle du vent de l'Esprit a émoussé et limé les pointes anguleuses de mon nouveau « moteur ». Je peux maintenant emprunter une autre route. Je ne connais pas encore les détails du chemin, mais je sais que l'« aérodynamique » du nouveau missionnaire a été corrigée et améliorée.

J'y pense souvent, spécialement de nuit quand les étoiles infinies du ciel saharien restaurent mes yeux et remplissent mon cœur et mon esprit d'un nouvel espoir. La voûte céleste est un spectacle d'astres et de constellations qui gravitent et se meuvent sur un fond limpide et obscur. Seule l'apparition de la lune dans ses phases croissantes et décroissantes vient diminuer l'intensité des lumières dans la nuit. La pleine lune est l'unique élément de « pollution lumineuse » dans ces régions, mais elle est en même temps un phare nocturne qui permet de voir les petites créatures qui se déplacent furtivement dans le sable.

Étendu sur ma natte, le regard tourné vers les étoiles, je reste, émerveillé et enchanté, à contempler et à réfléchir. Les astres m'invitent à regarder loin et à prendre le large vers l'horizon. Les étoiles et l'espérance font danser en moi des pensées positives : tôt ou tard, ce cauchemar finira. Les lumières célestes maintiennent vive, dans la traversée de la nuit de cette longue captivité, la confiance que l'obscurité sera vaincue par le matin d'un nouveau jour. L'étoile polaire est fixe et indique le nord sur la boussole du voyageur. Je ne suis ni égaré ni perdu. L'horizon du retour est constamment rappelé et indiqué à mon cœur. L'espérance est la dernière à mourir, c'est la petite sœur qui tient par la main les plus grandes sœurs que sont la foi et la charité. Ce qui est accompli ne meurt jamais. L'Amour vainc la haine et la foi ressuscite victorieuse du mal et de la mort.

En regardant les étoiles, chaque nuit mon cœur retrouve un peu de quiétude. Je m'endors en pensant : « Et il y eut un soir et il y eut un matin. » Un autre jour, un petit pas vers le retour à la vie pleine. Espérons que ce soit demain.

### *Un anniversaire sans gâteau*

Le mois du ramadan a commencé. Hier soir, 6 mai 2019, on a vu le premier quartier de la nouvelle lune. Un groupe de relève est arrivé, qui nous accorde plus de liberté de mouvement. Nous pouvons maintenant nous éloigner au-delà des dunes, alors qu'avec nos précédents geôliers nous n'avions droit qu'à quelques pas pour nous dégourdir les jambes.

Ils nous apportent du shampooing, un peigne, des dattes et des oignons. L'un deux se présente, en balbutiant un timide français qui lui a aussitôt valu le surnom de « Balbo[3] ». Il s'est mis à côté de Luca pour le convertir à l'islam ; pour moi, a-t-il dit, il n'y a aucun espoir.

Le 10 mai, ils nous donnent l'ordre de démonter notre refuge et de dormir à la belle étoile. Nous partons tôt le matin, mais nous ne nous éloignons que de quelques dunes. Nous remontons notre abri avant que le soleil ne tape trop fort, et nous recommençons à attendre. Le fait que nous nous soyons un peu éloignés nous laisse supposer qu'une réponse est peut-être proche. Désormais, quinze jours se sont écoulés depuis la vidéo du premier mai. Mais encore aucun fruit de la négociation.

Comme pour confirmer mes tristes pensées, je vois un *moudjahidin* rôder dans l'après-midi près de notre refuge, le regard vers le sable et un bâton en main, occupé à suivre des traces. Peu de temps après, il revient vers nous avec une vipère à cornes qu'il vient de tuer. Elle était passée à côté de nous sans que nous nous en apercevions.

Je trinque à mon anniversaire avec l'énième calice amer des fêtes de cette année : Noël sans danses, Pâques sans baptêmes, la Pentecôte sans fête patronale et maintenant, mon anniversaire sans joie. Je fais partie du peuple des sans nom, sans toit, sans avenir. Une vie dans l'absence, où le mot « sans[4] » est précédé d'un « a » privatif. Moins que cela, c'est le zéro absolu !

De ce coin du monde, qui me paraît le plus éloigné de tout et de tous, je lève mon cri vers celui qui par

---

[3] *Balbettare* en italien signifie balbutier (Ndt).

[4] Sans, se dit *senza* en italien, et absence, *assenza* (Ndt).

définition est « Celui qui est ». C'est ainsi qu'il s'est révélé à Moïse au mont Sinaï. Le tétragramme YHWH est son nom. Les savants et les exégètes ont versé des fleuves d'encre pour le traduire, mais aujourd'hui encore il reste imprononçable selon la tradition hébraïque. Certains le traduisent par : « Je suis celui qui suis. » D'autres : « Je serai celui qui serai. » D'autres encore : « Je suis et je serai toujours. » Quelle que soit la bonne interprétation, il est clair pour tous que « Dieu est », c'est-à-dire présence et toujours présent.

Un autre nom de Jésus est Emmanuel, « Dieu-avec-nous ». On le commémore à Noël, mais Jésus lui-même le rappelle à ses disciples, à la fin de sa mission sur terre : « Je serai avec vous tous les jours jusqu'à la fin des temps » (Mt 28, 20). Le Dieu biblique est et sera toujours totalement autre, le *Deus absconditus*[5]. Je sais que je le verrai de dos et que le « peuple-des-sans » est parmi ses préférés. Ce Dieu qui s'est révélé à Moïse dans le buisson ardent a fait graver sur les tables de la Loi qu'il est du côté de l'orphelin, de la veuve et de l'étranger, c'est-à-dire de celui qui est sans parents, sans mari et sans terre. Sa présence s'est chargée de ceux qui ont perdu leur maison, leur sécurité, leur espoir.

Moi aussi j'ai tout perdu, outre une année de vie et de mission. J'ai été privé de biens et d'êtres chers et je suis un « sans domicile fixe ». Il ne me reste que Dieu, présence – la sienne – que par moments je peine à percevoir. Je suis orphelin, pourtant je continue à

---

[5] Karl Barth, pasteur protestant, souligne dans sa théologie dialectique l'inscrutabilité du vouloir divin. Dieu est totalement autre, le Dieu caché. Cf. aussi Is 45, 5 : « Tu es vraiment un Dieu caché, Dieu d'Israël, Sauveur. »

l'invoquer comme Père. Je suis étranger, pourtant je me sens citoyen du monde. Je suis veuf, pourtant en communion de cœur avec toutes les victimes innocentes.

Les paroles de l'apôtre Paul résonnent en moi : « Nous sommes tourmentés de tout côté, mais non écrasés ; nous sommes bouleversés, mais non désespérés ; persécutés, mais non abandonnés ; frappés, mais non tués, portant toujours et partout dans notre corps la mort de Jésus, pour que la vie de Jésus se manifeste dans notre corps » (2 Co 4, 8-10).

Dans ce désert inhospitalier et sans eau, je crie ma soif de vie et de liberté. J'attends une réponse, je crois et j'espère qu'elle ne tardera pas ! Le cri silencieux du « peuple-des-sans » est comme un son insistant et insupportable pour l'oreille de Dieu qui, quand il compatit, donne toujours la vie et la résurrection.

C'est un anniversaire sans le vin de la joie. Seul m'est doux le souvenir des années vécues et données. Qui sait s'il m'en sera accordé de nouvelles ? Il est parfois nécessaire de se délester du superflu pour protéger son cœur et le remplir de ce qui est vraiment essentiel et vital. Peut-être est-ce la grâce de cet anniversaire.

Aujourd'hui, je renouvelle mon merci à la vie qui a été, qui est et qui sera. Merci à Dieu. Et merci aussi à Luca, mon compagnon d'infortune qui pour l'occasion a préparé un pain arabe farci d'oignons. Nous l'avons partagé comme petit-déjeuner et déjeuner, unique douceur dans une journée amère comme l'ont été ces 245 jours, huit mois désormais. Je continue à rester en sa présence. Et je n'en démords pas !

*L'épée de Damoclès*

La situation est très grave. Il a suffi d'une parole mal interprétée pour déchaîner une réaction violente et furieuse de la part de Balbo. C'est la seule personne du nouveau groupe à comprendre le français et à échanger avec nous.

Hier après-midi, sa visite amicale s'est transformée en hostilité et menaces contre moi. Il s'est senti offensé dans sa ferveur de musulman dévot. Un malentendu est né d'une de mes réponses à Luca que Balbo a interprété comme tournée contre lui. Il a saisi au vol une de mes paroles, d'ailleurs en italien, et a pensé que je critiquais ce qu'il disait à Luca à propos du Coran. Mes explications et précisions, et celles de Luca n'ont servi à rien. Il est parti irrité et nerveux avec la promesse de m'enfoncer une balle dans la tête à la première occasion.

À ses yeux je suis un sale *kafir* et en outre prédicateur d'une foi hérétique et condamnée par le Coran. « Gare à toi si tu offenses ou même si tu oses seulement toucher le saint livre de tes mains impures ! », m'a-t-il menacé. C'est une claque qui me réveille à la dure réalité de la guerre. Malheureusement, je suis la victime d'un jeu tragique. Je reconnais qu'il y a eu légèreté et inattention de ma part, dues à une certaine accoutumance à cette situation qui désormais est entrée dans le neuvième mois d'une attente infinie.

Chacune de mes paroles et chacun de mes gestes peuvent être mal interprétés et entendus comme une provocation. Je dois hausser mon niveau de vigilance. Faire très attention à ce que je dis et peut-être, aussi, me préparer au pire… Je suis tombé dans une réalité plus grande que moi, les décisions importantes se prennent ailleurs. Je n'ai pas droit à la parole et c'est mon intérêt de ne m'exposer en rien. Je ne sais comment se dénouera cette histoire, je fais appel à Dieu et je m'abandonne à lui avec les paroles de Charles de Foucauld : « Fais de moi ce que tu veux, quoi que tu décides, je l'accepte pourvu que ta volonté s'accomplisse en moi. »

Peut-être s'écrit-il un autre chapitre de la tragédie de Freetown, où le fondateur de la SMA et ses premiers compagnons ont scellé par la mort leur sacrifice d'une vie donnée à l'Afrique. Ils étaient partis pour apporter une parole de vie et d'espérance ; le silence de la tombe a enveloppé et conservé le message qu'ils voulaient annoncer.

Je suis missionnaire en Afrique depuis 22 ans et je suis bien conscient que l'actualité du continent est en ébullition. Il y a des germes de conflits dans plusieurs États limitrophes du Niger, mais sincèrement, je n'aurais jamais pensé y être un jour personnellement impliqué. Et pourtant me voici là, dangereusement heurté par cette violente folie.

Pour certains combattants djihadistes, je suis l'ennemi à abattre. C'est une véritable guerre. Un drame très sérieux, pas une plaisanterie. Je peux seulement résister. C'est l'unique bataille qu'il m'est donné de mener. Il n'y a pas de certitude du lendemain.

Ce qui rend plus précaire encore ma situation complexe, c'est le réveil des vipères à cornes. Il y a quelques jours, j'ai eu la chance de ne pas en goûter la blessure mortelle. Il y en a une qui est passée à côté du grabat où je dormais, puis s'est dirigée vers celui de Luca tandis qu'il se levait dans la nuit ; il a ainsi eu la surprise de la voir dans les parages. Grâce au clair de lune et à la rapide intervention d'un *moudjahidin*, elle a été neutralisée quelques mètres plus loin. Elle était dodue et longue d'une soixantaine de centimètres. À présent, nos yeux sont devenus experts pour repérer leurs traces sur le sable. Chaque matin, j'interprète les sillons qui parlent de chasse aux souris nocturnes entre les dunes. C'est probablement la saison du réveil de ces reptiles. La vie dans le désert est vraiment suspendue à un mince fil. Fragile comme celui d'où pend, menaçante au-dessus de ma tête, l'épée de Damoclès !

### *Le rêve d'un fantôme*

Je ne me souviens presque jamais des rêves qui bercent mon repos nocturne. Je réussis à n'en retrouver que quelques fragments à mon réveil. Mais je me rappelle qu'il y a des années, j'ai rêvé de participer à mes propres funérailles. J'étais au fond de la procession qui accompagnait le cercueil vers l'église pour le traditionnel rite des obsèques. Je marchais en silence et personne ne remarquait ma présence à côté d'un groupe d'hommes qui échangeaient leurs opinions. Entre un éloge de circonstance, une pause et une conversation sur tout autre sujet, on avançait au rythme du cercueil porté par des hommes.

Les rêves se réalisent parfois et peut-être ma situation le confirme-t-elle. Dans ce désert surchauffé de fin mai, il me semble être un cadavre vivant. Je suis donné pour disparu. Je vis dans une bulle et pour beaucoup je suis déjà considéré comme mort. Je suis invisible pour le monde réel dans lequel j'ai cheminé moi aussi jusqu'à il y a neuf mois. La compagnie des personnes que j'ai aimées et servies, desquelles j'ai reçu en retour estime et affection (au-delà de critiques et de divergences), m'a été dérobée avec la liberté. Désormais je me retrouve dans des limbes, suspendu en plein vol, entre ciel et terre ou simplement dans l'œil du cyclone d'une guerre, prête à exploser ailleurs aussi. L'Afrique est une poudrière, une bombe à retardement, nous le disions depuis un moment entre nous, missionnaires de frontières.

Il y a quelques années (précisément le 2 février 2013), le président français François Hollande s'était rendu au Mali pour déclarer la fin de la guerre, qui avait conduit à l'occupation de la mythique Tombouctou et avait pris en otage les élections libres qui s'étaient tenues dans le pays. Mais l'abcès a crevé ailleurs et l'infection s'est étendue à tout l'espace de la région du G5 : de la Mauritanie au Tchad, en passant par le Mali, le Burkina Faso et le Niger. Maintenant, la zone entière est considérée comme rouge vif. Le virus de la violence s'est diffusé et continue ses ravages.

La France a envoyé des troupes pour faire front commun contre un ennemi qui ne fait pas de cadeaux et ne suit aucune logique ni déontologie militaire. L'opération Serval (2013-2014) a été successivement remplacée par l'opération Barkhane (2014-2021). À présent, la *task force pan-européenne*, nommée de Takuba, est en phase de préparation.

De son côté, le *djihad* poursuit sa bataille et peu importe que l'infortuné prisonnier soit soldat ou politique, homme ou femme, entrepreneur ou touriste par erreur, ou simplement, un citoyen malchanceux. Tous sont fondamentalement des marchandises d'échange et de rachat. Ce qui change éventuellement, c'est le prix en fonction du « poids spécifique » de chacun.

Ils ont réalisé deux vidéos de quelques minutes (octobre 2018 et mai 2019), en me disant qu'elles étaient demandées par mon gouvernement. J'ai espéré que ce serait le début de la fin. Mais les jours et les mois passant, les hypothèses les plus optimistes laissent place au doute et à la frustration.

Ce matin, pendant ma toilette, j'ai vu le soleil naissant à l'horizon. Rond et rouge pâle comme à chaque réveil. Puis, tout d'un coup, un nuage de passage s'est obstinément interposé et l'a obscurci pendant un long moment. Un dicton m'est venu à l'esprit : « Les nuages peuvent obscurcir le soleil, mais non l'éteindre. »

Ainsi me suis-je donné du courage ; je ne veux pas me laisser aller. Je suis un cadavre qui respire et qui marche. Chaque jour, j'effectue quelques pas pour maintenir en mouvement mon corps, qui ensuite est contraint de rester caché à l'ombre, aux heures les plus chaudes. Stratégies quotidiennes de survie.

Je prie, j'espère et je confie mes doutes et mes sombres pensées à celui qui peut me libérer de l'angoisse et du découragement. Je suis un fantôme invisible qui rêve non du repos du sépulcre, mais du retour à la pleine vie, pour clamer haut et fort que la guerre n'est jamais belle – contrairement à ce que chantait De Gregori – et ne produit que du mal.

Je rêve de fusils transformés en charrue. Je rêve de voir le loup et la brebis paître ensemble. Je rêve de l'enfant qui, pour jouer, met la main dans le nid de la vipère et n'en reçoit aucune blessure (Is 11, 6-8). Je rêve de la paix. *I have a dream* : je rêve de rentrer chez moi.

4.

## LA MUSIQUE DU SILENCE

Aujourd'hui, 4 juin 2019, semble un jour encore plus silencieux que d'habitude. Même les mouches très agaçantes sont moins agressives, et leur bourdonnement moins fastidieux et moins envahissant. J'écoute le vent dont la musique sert de contrepoint au chant des oiseaux. Le souffle d'Éole provoque une légère brise qui rend moins lourdes les températures, lesquelles montent inexorablement. Nos gardiens se reposent à l'ombre de leur refuge de branchages et attendent avec anxiété que finisse ce dernier jour de ramadan. Demain ce sera fête et l'on se régalera de viande de mouton. Hier ils sont allés en acheter un. Ils sont partis avant le lever du soleil et sont rentrés environ quatre heures plus tard. Dans le silence, résonne de temps en temps son bêlement, comme le chant du cygne.

Même Luca dort. Il récupère ses forces et son sommeil après une nuit passée sous les étoiles, sans rien de poétique. Cette nuit, en effet, il a été dérangé par des souris qui lui tournaient autour, en quête de nourriture, et qui ont troué le sac de farine qu'il utilise pour faire le pain arabe du matin. Mais les souris attirent les vipères et ce coin de dunes où nous nous trouvons semble être leur nid. Ces deux dernières semaines, nous avons repéré leurs traces autour de nous et nos gardiens expérimentés en ont tué plusieurs dans les environs. Dormir sans confort et sous tension permanente ajoute de l'anxiété à notre état de frustration qui dure depuis de trop nombreux mois.

Le vent résonne toujours et fait danser les pages de mon bloc-notes. De temps en temps, il hausse le ton avec une rafale plus intense qui oblige les moineaux à s'ancrer aux branches sèches des buissons servant de parois au refuge. Dans le ciel, en revanche, de grands corbeaux s'amusent à planer et à faire du surplace contre le vent pour ensuite se laisser porter, d'un coup d'aile, dans le sens du souffle. Ce sont d'habiles surfeurs sur les vagues d'un océan invisible qu'ils savent seuls chevaucher avec maîtrise. Je les admire, les apprécie et les envie presque. Leur vol dans le vent me donne une sensation de liberté que je n'ai pas.

Tout est silence. Même la parole que j'avais retrouvée avec la présence de Luca s'est tarie pour devenir rare. Il semble que nous nous soyons tout dit et que nous ayons épuisé en trois mois le vocabulaire de la conversation. Mais tandis que j'écris ces pensées, j'entends le son d'une trompette qui m'annonce le réveil de Luca. Il se relève de son grabat avec le sourire espiègle de celui qui sait qu'il a joué un bon tour. Nous échangeons quelques boutades qui ouvrent le dialogue. Nos sujets de conversation sont variés, sérieux ou mi-sérieux. Nos mots croisés sont l'occasion d'un échange et d'un approfondissement linguistique, autant en anglais qu'en français, parfois aussi dans le dialecte lombardo-vénitien.

Silence et parole s'apprécient et s'entraident. La parole enrobée de silence sait être davantage pertinente et capable d'exprimer les profondeurs de l'esprit et du cœur. La Parole de Dieu s'est faite chair et a été enveloppée du silence de Bethléem. Le silence de Nazareth a préparé l'annonce au monde. Et celui de la tombe a enrobé le cri libérateur de Madeleine courant annoncer la résurrection aux Apôtres.

Malheureusement, notre époque et nos jeunes, un écouteur toujours greffé à l'oreille, en ont perdu la valeur. Nous sommes assourdis par le bruit. Ce n'est pas pour rien que nous vivons une époque de crise sur tant de fronts, y compris celui de la prière, qui est école de silence. J'en fais l'expérience depuis plusieurs mois et je peux dire que le silence a des contours et une intensité que je n'avais jamais expérimentés. Je ne m'en vante pas, j'ai découvert en réalité que je suis bien loin de savoir passer les nuits en prière. Le silence du sommeil a toujours le dessus. J'offre à Dieu cette pauvreté et je l'implore de combler, par sa Parole, le vide de mon cœur assoupi.

J'avoue que j'apprécie beaucoup la Parole de Dieu, plus encore maintenant qu'elle me manque. Mais en ces mois de désert, le silence de Dieu me pèse encore plus. Parle, Seigneur, ton serviteur écoute !

Le vent continue à jouer des notes de silence et à déplacer le sable. Tandis que j'écoute cette respiration, les notes de la chanson de Simon and Garfunkel, *The sound of silence*, me vient à l'esprit. Je voudrais tant recommencer à en jouer la partition, en homme libre !

## *Un temps infini*

L'apparition de la nouvelle lune ajoute un autre mois à la longue liste de ceux passés dans cette prison au goût d'infini. Quarante jours de désert se sont écoulés depuis la dernière vidéo, dont j'espérais qu'elle servirait à faire avancer la négociation. Ce jour-là, le « docteur » chef de zone nous avait informé que la négociation était entrée dans une phase plus concrète.

Rien à l'horizon, sinon la menace de nuages qui annoncent la saison des pluies. Hier soir, la demi-lune a été obscurcie par un front de nuages menaçants, précédés d'un vent violent venant de l'est, présageant une averse qui cependant n'a pas eu lieu. Les lumières aperçues dans le lointain et une légère fraîcheur matinale laissent deviner que la pluie est tombée plus au sud. Mais elle ne tardera sûrement pas à arroser aussi ce désert assoiffé de vie. Personnellement j'en ai peur. Nous n'avons aucun refuge sûr où nous abriter et je ne veux pas me retrouver avec des vêtements et des couvertures trempées, ni attraper un mauvais rhume.

Chaque jour est l'attente d'un quelque chose qui n'arrive pas. Désormais, les grandes questions qui angoissaient mon cœur en mal de sens ont laissé la place à de froids raisonnements pouvant expliquer la prolongation de cet interminable exil. Je commence à penser que la rançon n'est peut-être pas la priorité.

En revoyant les images de l'enlèvement, j'envisage plusieurs hypothèses. Ils prennent dans le tas la première personne naïve et sans défense, vérifient sa nationalité et en font un otage avant tout pour semer la terreur. Plusieurs fois, ils m'ont affirmé avec fierté qu'ils étaient des terroristes. Ou mieux encore, des djihadistes, terme qu'ils préfèrent en réalité, car il exprime mieux le fait que ce sont des combattants du djihad, la guerre sainte. Ils sentent qu'ils font partie de l'armée d'Al-Qaïda qui les sponsorise et les subventionne, pas seulement idéologiquement.

Peut-être nous ont-ils pris pour nous utiliser comme bouclier humain. Nous sommes en guerre et la menace de drones, d'avions et d'hélicoptères de combat plane constamment sur leurs têtes. Seuls des bourdonnements lointains agitent nos surveillants, qui s'activent alors immédiatement pour éliminer tout indice ou scintillement pouvant attirer l'attention. Même les voitures sont constamment recouvertes d'une toile couleur de sable et de branchages pour ressembler à des buissons.

Autre hypothèse, ils veulent nous utiliser pour libérer des prisonniers. Nous sommes une carte de plus à jouer dans la partie imprévisible de la guerre. Nous sommes un joker qui peut « servir » dans des situations particulières. Une carte qui ne doit pas être gâchée ou jouée trop rapidement. La précipitation est mauvaise conseillère, tandis que la patience est la vertu des forts. Nous pouvons être utilisés comme monnaie d'échange pour la libération de leurs prisonniers détenus dans les prisons au Mali, en France ou ailleurs.

Ils prennent leur temps; ils savent qu'il joue en leur faveur. Une longue captivité montre sans équivoque que ce sont eux les forts et qu'ils savent gérer dans le temps des situations délicates avec habileté. Ce sont les maîtres du désert, qu'ils connaissent comme leur poche. Ils ne craignent pas d'être surpris ou battus sur leur terrain. Ils ont traversé trois frontières avec moi en otage (du Niger au Burkina Faso puis jusqu'au Mali) malgré les techniques sophistiquées d'information militaire et au mépris des milices armées des G5 dans le Sahel. Ceci est sans doute une source d'orgueil pour eux et une claque morale pour l'ennemi.

Enfin, ils souhaitent probablement faire monter les enchères. L'attente prolongée permet de faire grimper les prix et d'exiger davantage. La partie adverse en revanche s'inquiète surtout, à juste titre, de l'état de santé psychique et physique de ses citoyens, qui peut dégénérer et s'altérer. La pression médiatique des familles peut aussi mettre sous pression nos gouvernements, critiqués pour leur immobilisme ou leur lenteur dans les négociations. L'hypothèse de la rançon demeure pour moi la plus probable. Nous sommes de précieuses marchandises et nous valons beaucoup d'argent !

Un de nos geôliers nous a dit sous le sceau de la confidence que la loi du *djihad* avait été modifiée et actualisée. Aux temps du prophète Mohammed, si un mécréant était fait prisonnier, il n'avait que trois possibilités : se convertir, être tué ou régler une amende et devenir esclave. Maintenant, ils organisent des séquestrations pour en tirer profit et pour payer une guerre qui coûte cher. Qui sait quel sera notre sort...

Le jour de la fête patronale de Crema (10 juin, Saint Pantaléon), mes pensées vont à ma famille, à mes amis et au diocèse. Les dents serrées, je suis fidèle à ma prière pour toutes les personnes que j'aime. Dans cinq jours, ce sera le 34e anniversaire de mon ordination sacerdotale. C'est de la cathédrale de Crema que je suis sorti prêtre pour le service de l'Évangile auprès de tout homme et de l'Afrique en particulier. Mon Eucharistie, c'est moi-même, victime innocente pour le salut du monde : accueille-la, Seigneur, comme offrande agréée par toi.

Les heures centrales de la journée sont une torture : la chaleur est devenue humide et insupportable. Un comprimé de paracétamol soulage mon mal de tête ou mes douleurs cervicales. Espérons qu'après le ramadan les délais de libération s'accéléreront avant que la seconde vidéo ne perde son intérêt et qu'une autre ne soit nécessaire.

L'attente continue. Bientôt neuf mois de séquestration. Le temps d'une grossesse, un temps absurde et infini. Je me rappelle qu'après mes neuf premiers mois à Bomoanga (j'y suis arrivé le 29 novembre 2007), j'avais pris le nom nouveau de Untaani qui en langue *gourmantchéma* signifie « Dieu rassemble dans l'unité ». Quel nom veut me donner maintenant le Seigneur ?

Juin est aussi le mois où ma communauté fait mémoire du « martyre » du premier groupe de missionnaires SMA. Le fondateur, Monseigneur Melchior de Brésillac, et ses compagnons moururent tous de la fièvre jaune quelques mois après leur arrivée en Sierra Leone. C'était en 1859. Quelle mission m'attend, Seigneur ?

### *Père, je m'abandonne à toi*

Je prends une carte et un stylo et j'écris d'un lieu indéterminé, le 19 juin 2019.

> *Dieu qui m'es cher, je t'écris.*
>
> *Une année scolaire s'est maintenant écoulée, une année pastorale aussi. Le temps d'une naissance est arrivé à son terme, mais non pour moi. Mes forces diminuent de jour en jour et mon anxiété ne cesse de grandir. J'ai chaque mois espéré que ce serait le mois décisif pour ma libération, et je sens*

*qu'intérieurement la limite que je m'étais fixée et imposée, avec l'impératif « Sois fort », s'est arrêtée au neuvième mois.*

*Juin est le mois de l'après-ramadan et le début de la saison des pluies, qui comporte de nombreux désagréments pour ceux qui vivent sans demeure fixe. J'espérais que ce mois serait celui de la dernière chance. Au contraire, le temps passe, et l'illusion d'une fin prochaine diminue de plus en plus en moi.*

*Dieu qui m'es cher, je t'offre ces mois vécus à ne faire absolument rien. Je te les donne pour ta plus grande gloire. Tu sauras t'en servir dans ton programme de* Missio Dei, *qui reste inconnu de moi. Je te laisse prendre la direction de ma vie, je te passe le volant et m'abandonne à ta volonté. Je te demande seulement de me donner la santé, la fidélité et de pouvoir comprendre un jour le sens de cette immense absurdité.*

*J'ose aussi te demander, si je peux me le permettre, de pouvoir connaître la fin de cette histoire et avoir la joie d'embrasser à nouveau ma famille, mes confrères, mes amis et les personnes qui me sont chères et qui ont joué un grand rôle dans ma vie d'homme et de missionnaire. Ma vie, je te l'ai donnée le jour de ma consécration diaconale, il y a 35 ans, et aujourd'hui, je te renouvelle ce « oui » de ma jeunesse, prononcé peut-être avec légèreté. J'étais certainement un peu espiègle et pas pleinement conscient de toutes les implications annexes et connexes. Mais aujourd'hui, je le prononce de nouveau avec la maturité de mes années.*

*Fais de moi ce que tu veux, pourvu que ta volonté s'accomplisse en moi. Tu me connais à fond, puisque c'est toi qui m'a tissé depuis le sein de ma mère. Tu sais bien que je n'ai pas un cœur de lion et que je ne suis pas un héros, mais un homme faible, fragile et grand pécheur. Les jours sont tiens. Le soleil et la lune répondent fidèlement à ta volonté. Ma vie t'appartient.*

*Tu m'as bien souvent « tiré » de situations compliquées et surtout d'accidents qui auraient pu signer ma fin depuis longtemps. J'ai été renversé devant chez moi, à l'âge de cinq ans à peine, puis il y a eu le grave accident de la route du 6 octobre 1993 à Padoue. Enfant, j'ai aussi failli mourir noyé dans le fossé où j'avais glissé à bicyclette, alors que j'allais à la campagne avec des amis. Il y a eu ces coups de feu par des voleurs à Bouna en Côte d'Ivoire, qui m'ont manqué de peu. Cela aurait pu se reproduire à Bomoanga, mais je n'étais pas prêt pour le martyre.*

*L'histoire t'appartient et tu la diriges vers l'oméga final de la victoire définitive du bien sur le mal, de la résurrection sur la mort et de la paix sur les guerres inutiles et nocives.*

*Prends ce que tu veux de mon sac de voyage et de pèlerin pour réaliser et faire avancer ton règne de justice, d'amour et de vérité. Je fais seulement appel à ta miséricorde qui ne déçoit pas. Je reste en silence et j'attends de toi une Parole, si tu veux me l'offrir. Je cherche ton visage, mais je me contente de voir au moins les traces de ton passage. Je suis dépouillé et prostré, mes réserves épuisées, je ne compte que sur toi.*

*Je continue obstinément à croire aux valeurs du pardon et de la non-violence comme chemin de la paix. Je te prie chaque jour et mon oreille tendue guette un signe de ta présence. Entendre un bruissement de vent léger et entrevoir une toute petite lumière fendre la toile du silence où souvent tu te caches. Parle, Seigneur, ton serviteur écoute !*

*Mon Père, je m'abandonne à toi, fais de moi ce qu'il te plaira. Quoi que tu décides, je l'accepte. Que ta volonté s'accomplisse en moi. Je ne désire rien d'autre... même si je t'avoue que j'éprouve un frisson de crainte et qu'une obéissance aussi totale m'effraye un peu. Mais je sais que tu ne veux que mon bien et que ton œuvre est infiniment meilleure que chacun de mes désirs humains. Accompagne-moi de ton Esprit consolateur et libère-moi du mal. Amen.*

***Pensées vagabondes***

Je suis arrivé au 287e jour de vie suspendue dans le vide. Mais l'ordre de retourner dans la vallée des vipères me réveille à la cruelle réalité. Dans l'agitation du rangement en hâte de mes couvertures, j'ai perdu mes lunettes. Nous chargeons la voiture et partons. Après avoir remis sur pieds la cabane et déroulé la natte et les couvertures, je retrouve mes précieux verres. Je pousse un soupir de soulagement. Pendant le court voyage, je m'étais senti encore plus nu : dépouillé même de la protection de lunettes photochromiques comme rempart contre la forte lumière du soleil et mis dans l'impossibilité de lire et d'écrire.

Le 4 juillet, c'est la relève de nos geôliers. Les journées sont, d'habitude, longues et monotones. Coïncidence du matin, autant Luca que moi avons rêvé que nous étions libres. Peut-être qu'un rêve fait ensemble se réalise. Nous sommes bien sûr épuisés.

*Dans le village de Tangunga, parmi la population Gourmancé.*

*Bomoanga, 9 juin 2018. Photo des confirmés avec l'évêque de Niamey.*

*Puits traditionnel au village de Bomoanga.*

*Célébration au village de Jayeli.*

*École de la mission dans le village de Ngula.*

Jeune fille peul revenant du marché de Bomoanga.

Avec son codétenu Nicola Chiacchio. Arrêt sur image du 24 mars 2020.

Fresque dans l'abside de l'église paroissiale de Madignano : la libération de saint Pierre (Actes 12, 6-11).

Mon chapelet en tissu.

*Cathédrale de Crema. Marche de prière un an après l'enlèvement.*

*Rome, 9 octobre 2020. L'accolade avec la famille au siège du ministère des Affaires étrangères.*

Photo : courtoisie de Il Nuovo Torrazzo

*Du balcon de la mairie de Crema, avec l'évêque Gianotti et la mairesse Bonaldi.*

Photo : courtoisie de Il Nuovo Torrazzo

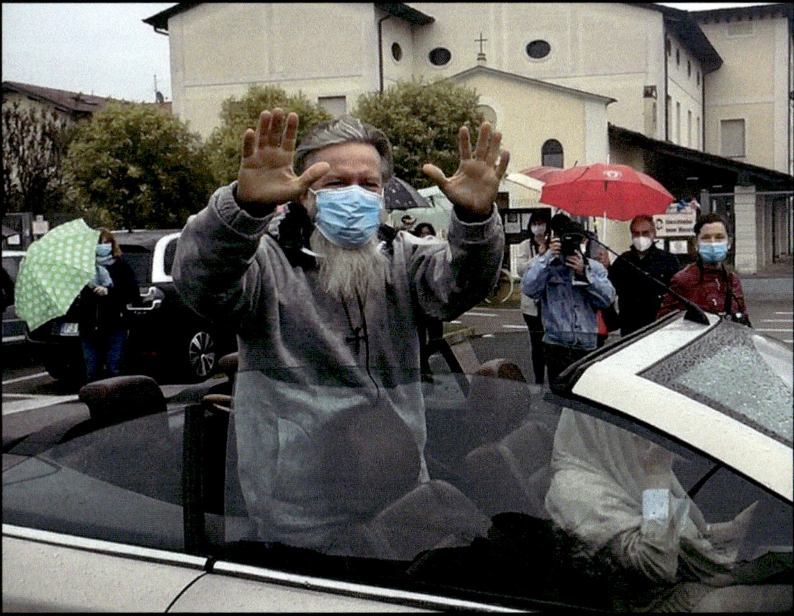

*10 octobre 2020. L'arrivée à Madignano.*

Photo : courtoisie de Il Nuovo Torrazzo

*Le retour à la maison.*

Photo : Antonio Porcellato, SMA

*Cité du Vatican, 9 novembre 2020. En audience privée avec le pape François et sa famille.*

Quelque chose me dit que ce pourrait être le bon mois. En attendant, nous nous protégeons de deux averses de pluie qui ont mis à rude épreuve la stabilité de notre refuge.

Chaque pensée produite par mon esprit dans son errance à la recherche d'une porte de sortie ou d'une route à parcourir s'interrompt devant le mur du non-sens. Mes élucubrations reviennent souvent au point de départ, après s'être enfoncées dans une impasse. Plus j'y pense et plus j'ai l'impression de trouver les panneaux d'une route interrompue partout. Je ne vois aucune lumière ni lueur au bout d'un tunnel de plus en plus obscur et à un horizon de plus en plus fermé.

Mais mes pensées ne s'arrêtent pas et repartent dans d'autres directions. Tenter une fuite à l'ouest vers la frontière de la Mauritanie, d'où nous devrions être distants de 200 km tout au plus, puis continuer à traverser le désert pendant 500 km pour atteindre l'océan, me semble très risqué. Même si nous réussissions à soustraire à nos gardiens leur voiture, sans être vus, que pourrait-il arriver ? Ils pourraient nous tirer dessus. Et s'ils ne nous atteignaient pas, que pourrait-il nous arriver pendant la fuite ? Nous pourrions nous ensabler au milieu des dunes, avoir une panne ou une crevaison... Avec les téléphones dont ils disposent, ils avertiraient d'autres *moudjahidin* qui pourraient nous intercepter. Et si nous réussissions à éviter toutes ces éventualités, il restait à espérer que nous ne nous perdions pas dans le Sahara. Il nous faudrait au moins deux jours et deux nuits pour atteindre un but. Et ensuite ?

Tenter de fuir à dos de dromadaire, comme le voudrait Luca, me semble encore plus ardu et compliqué, mais aurait l'avantage de la surprise et de ne pas laisser de traces humaines. On devrait résister pendant au moins 10 jours avec un peu d'eau dans cet immense désert inconnu de nous. Je crois que la témérité n'est pas une bonne compagne d'aventure pour qui veut défier le désert ou le traverser à la seule force du désespoir. Le Sahara sait être impitoyable et rude.

L'alternative est de continuer à attendre jour après jour. Une perspective effrayante, d'autant plus que nos surveillants se vantent d'avoir gardé un Suédois et un Sud-Africain pendant cinq ans. Un Roumain – disent-ils – serait encore prisonnier au bout de cinq ans. Vérité ou mensonge ? Un Américain aurait été enlevé au Niger et retenu pendant des années pour ensuite être échangé contre des prisonniers d'Al-Qaïda enfermés à Guantanamo. Qu'en sera-t-il pour nous ? Réussirons-nous à résister ? Pendant combien de temps ?

Qui nous sortira de cette impasse ? Nous sommes contraints de ne faire absolument rien de toute la journée et cela nous pèse énormément. Perdre son temps est peut-être la chose la plus dure pour Luca, qui ne supporte pas d'avoir tout perdu et de se voir maintenant voler des mois de vie, qu'il projetait d'employer autrement et plus utilement, pour sa famille et son travail.

Pour moi c'est un peu différent. Ma vie est donnée à la mission et à l'Afrique. Quelle qu'elle soit, elle est offerte. J'espère qu'elle servira à faire grandir son règne de justice et de paix. Le témoignage de foi comporte parfois l'épilogue extrême, mais je me refuse à penser que Dieu ait voulu, ou même, qu'il ait seulement permis cette situation. Dieu ne veut jamais faire souffrir. Mon Dieu, celui en qui je crois, n'est qu'amour et pardon. Lui-même souffre en voyant souffrir.

Entretemps, il ne me reste qu'à prier et à voyager par la pensée sur les pistes de la mission de Bomoanga. Je pense aux visages et situations que j'ai dû abandonner brusquement. Aux réponses pleines d'espérance en moi de personnes qui attendaient un *plus* de vie, d'avenir et de guérison. Même ces chemins d'espérance se sont interrompus sans préavis. Je pense aussi à mes proches collaborateurs et à tous les animateurs bénévoles, surpris par un soudain changement de programme. Qu'en sera-t-il d'eux ?

Aucune nouvelle du monde depuis dix bons mois. Événements politiques, ecclésiaux, sportifs, faits divers et de société... nuit noire ! Je pense aussi aux assemblées de ma communauté SMA. Cette année ont eu lieu les réunions pour le renouvellement du Conseil général et du Conseil provincial. Qu'auront-ils dit et décidé pour l'engagement missionnaire au Niger ? Ma séquestration aura-t-elle fait l'objet d'un débat ? Quelqu'un aura-t-il proposé d'exercer une pression sur le gouvernement italien ou sur la diplomatie vaticane pour sortir de l'impasse ma captivité ? Auront-ils eu des nouvelles fiables à mon sujet ? Les deux vidéos leur ont-elles vraiment été envoyées ?

Suis-je considéré comme vivant ? Mort ? Disparu ? Aucun écho de retour au vagabondage de mes pensées, qui se brisent toujours contre un mur de silence avec un bruit sourd que seul j'entends au plus profond de mon cœur. Mes oreilles bourdonnent souvent. Ce sera dû à une baisse de pression artérielle, à moins que ce ne soit le signe, comme disent les personnes âgées, que quelqu'un pense à moi. Il y a sûrement des personnes et amis qui le font et qui dans leur prière se souviennent de moi, petit missionnaire disparu dans le néant et pas encore retrouvé.

Je laisse vagabonder mon esprit. Pour l'instant, il ne m'a pas été donné de trouver une échappatoire. J'attends une occasion, mais ne provoquerai pas une action qui ne soit pas inspirée par la non-violence active. Il doit y avoir une alternative à la force brutale d'une part, à la passivité résignée de l'autre. Seul un pont qui soit un passage entre ces rives opposées me conduira à la liberté. Sur ce pont interrompu, les pensées de paix et de pardon pourront à nouveau s'embrasser.

### *Éclipse partielle de lune*

Après le dîner frugal, Luca étend la natte, comme d'habitude, pour s'allonger et contempler le ciel qui s'illumine d'étoiles. Nous parlons de choses et d'autres et supposons que ce devrait être une nuit de pleine lune. En effet, voilà que bientôt surgit le disque pâle. Luca me faire remarquer qu'il manque à la lune une partie pour qu'on puisse la dire pleine. Ce pourrait être un gros nuage noir qui assombrit un côté. J'approuve, même si le contour de l'ombre semble en réalité trop précis. Il suffit d'attendre pour vérifier. En effet, l'ombre progresse lentement et il est de plus en plus évident qu'il ne s'agit pas d'un nuage.

Nous observons l'événement pour voir si ce sera une éclipse totale de lune. On dirait presque que l'ombre a donné un coup de poing au malheureux astre qui se retrouve avec un œil au beurre noir. La progression est lente mais continue, et en quelques heures, est arrivée à effacer plus de la moitié de la lune. Puis l'ombre se stabilise peu à peu dans la partie supérieure jusqu'à dessiner une demi-lune horizontale. Comme si, dans la lutte entre noir et blanc, la lune avait subi un coup qui l'avait renversée sur le dos. Mais le duel n'est pas fini. Lentement commence la grande remontée qui déplace progressivement le noir vers le haut, jusqu'à le chasser complètement du disque.

Voici de nouveau la lune lumineuse et belle, avec une figure ronde et riante, qui parcourt la voûte céleste en nous offrant à tous, sur terre, son sillage de clarté et de lumière dans la nuit. Je m'endors dans mes pensées, serein et tranquille : dans la vie aussi, tomber à la renverse n'est pas décisif, l'important est de savoir se relever.

Tout ce qui a un début a aussi une fin. Parfois il suffit d'« attendre », c'est-à-dire d'« être tendu vers », car le cours des événements avance vers sa fin. Notre exil aussi aura un terme.

Luca me désapprouve; lui voudrait tenter une sortie pour anticiper les délais et couper court à cette attente exténuante. Il est jeune, intelligent et entreprenant, et a très envie de vivre pleinement sa vie. C'est son droit de prendre un risque calculé et d'espérer s'en tirer, à la barbe de ces hommes enivrés de fanatisme religieux. De fait, il y a eu deux occasions, ces derniers jours, dont nous aurions pu profiter pour nous lancer dans le désert avec la voiture laissée sans surveillance, les clés sur le tableau de bord. Quelques instants d'inattention, suffisants pour les surprendre et nous mener hors de tir, en espérant toujours ne pas nous enliser sur la première dune à franchir.

Après une analyse attentive, nous avons deux options : tenter de fuir en voiture ou attendre le lent passage du temps vers une conclusion négociée. La première présente l'intérêt d'avoir essayé quelque chose pour forcer les délais, la seconde fait appel au bon sens de ne pas provoquer de violence supplémentaire dans une situation déjà trop tendue et fanatique.

Attendre est ma décision finale, au terme d'un discernement de trois bonnes journées, qui m'a travaillé et m'a valu un combat intérieur. Le signe de l'éclipse partielle de lune de la nuit dernière me conforte dans la décision prise. L'ombre noire a pu renverser la lune sur le dos pendant un moment seulement.

L'effet de surprise a bouleversé ma vie ce 17 septembre 2018. Les ténèbres ont soudain fait irruption dans mon histoire de missionnaire heureux. Cela étant, la lumière intérieure ne s'est pas laissé totalement submerger. Elle a résisté et lutté pour empêcher qu'il ne fasse complètement nuit en moi. L'espérance continue à diffuser sa lumière sur mon chemin. Le mal ne vaincra pas. Les conclusions se tirent à la fin. Il suffit d'attendre !

### *Et pourtant ça bouge !*

Voici le fatidique 17 du mois : dix mois exactement, 303 jours d'angoisse et de calvaire. Et ce n'est pas encore fini. L'attente perdure. Mais voilà la surprise du soir.

Avant le coucher du soleil, arrive le *moudjahidin* que nous avons surnommé « le Prince », pour l'élégance avec laquelle il porte l'habit couleur du ciel qui le fait ressembler à un prince charmant[1]. Il conduit une voiture de cylindrée puissante et est accompagné par trois hommes, grands et bien charpentés, devant peser chacun au moins quatre-vingts dix kilos.

Tandis que je prépare mon repas frugal, ils viennent nous dire que nous partons dans la nuit. Nous recevons l'ordre de ne pas démonter les *bougui* (cabanes, dans la langue parlée par les Touareg), mais de prendre seulement nos bagages.

Direction nord-est. Nous voyageons entre les dunes pendant une heure, puis on nous bande les yeux jusqu'à l'étape du repos nocturne. Après la prière de l'aube, nous repartons. Trois heures, toujours à monter et à descendre des dunes, les yeux bandés avec nos turbans. Une brève pause nous permet de nous dégourdir les jambes et d'échanger de place avec Luca. Je suis du côté de la fenêtre. Nous filons rapidement jusqu'à 14h00 en plein désert. Pause repas sous un arbre. Il y a beaucoup de vent.

L'attente se prolonge pendant des heures. La voiture s'éloigne pour revenir peu après avec un autre *moudjahidin*, lui aussi robuste, qui se présente à nous comme tunisien d'origine. Vers 17 heures, ils reviennent avec une nouvelle voiture et un nouveau chauffeur. Le conducteur file rapidement vers le sud-ouest. Ils ont baissé nos turbans sur nos yeux et ont voulu que nous mettions aussi nos lunettes de soleil. Ils veulent nous empêcher de voir le paysage environnant.

Je réussis toutefois à entrevoir la route. On voyage jusqu'au soir. Pause pour le dîner à base de

[1] En italien, prince charmant se dit *principe azzurro* (azur) (Ndt).

pain et de thon en boîte. Le vent fort de l'après-midi devient pendant la nuit une tempête de sable qui s'accumule sur les couvertures sous lesquelles je suis recroquevillé.

Le matin suivant, nous parcourons encore 350 ou 400 km, soit un total de 800 ou 900 km environ en trois jours. Nous nous dirigeons toujours en direction de l'est, ce qui me fait penser – et espérer – que nous allons vers le Niger, où j'espère pouvoir enfin être libéré. Pour moi, ce serait un retour à la maison.

Nous avons parcouru certaines parties de la route à plus de 120 km/heure. Le signal acoustique de la Toyota indique que nous dépassons cette limite. Ma Land Cruiser faisait aussi un bruit particulier quand j'accélérais à cette vitesse. Mais moi je roulais sur le goudron, alors qu'eux roulent sur le sable.

Sur la fin du trajet, ils contrôlent souvent que nos yeux soient bien couverts. Nous passons près de deux oasis verdoyantes. J'entrevois des maisons et un camion en mouvement. Nous atteignons enfin le lit d'un fleuve de sable que nous franchissons et nous campons entre des arbustes. En arrière-plan, il y a des roches et des montagnes. Pause, repos et avant de préparer le repas, il y a un agréable « hors programme ». C'est un abondant puits d'eau de pluie dans le lit du fleuve. Les grosses pierres ont servi de digue. Impossible de résister à un bain qui nous purifie de la poussière et du sable de la nuit dernière. Deux d'entre eux sont déjà dans l'eau. Luca plonge et je le suis. Il faut être vêtu avec un pantalon et une chemise, mais il est cependant agréable de pouvoir faire quelques brasses réparatrices dans l'eau. J'en ressentais le besoin. Ils nous offrent aussi du savon avec lequel je me lave de la tête aux pieds. C'est un moment unique : prisonniers et geôliers ensemble dans l'eau avec le sourire et une expression de sérénité, comme toute personne qui s'amuse dans une piscine pendant la chaleur estivale. Je retourne à l'ombre pour changer de vêtements et étendre le linge que j'ai lavé. Je mange le pain habituel accompagné de légumes en boîte et de thon. C'est la menace d'un orage qui nous incite à repartir, mais seul le vent souffle.

Les *moudjahidin* ont un émetteur-récepteur et ils communiquent avec des inconnus. Nous recommençons à faire des gymkhanas entre les arbustes. Nous avons désormais quitté le désert. Nous croisons des animaux, surtout des brebis et des chèvres, ainsi que quelques personnes en moto. Le paysage a changé et l'air est plus tempéré. Avant le coucher du soleil, nous arrivons entre d'énormes masses de rochers superposés. Nous nous arrêtons pour la nuit. Une moto nous rejoint et nous apporte une bouteille fraîche de jus d'orange. La boisson est sortie d'un frigidaire et avec Luca, nous nous désaltérons délicieusement. Ce sont deux litres de fraîche paix intérieure. Ils sont heureux que nous appréciions leur geste. Puis ils apportent aussi un chevreau, tout de suite égorgé et préparé pour le dîner. Je demande pour moi le foie et ils me le servent avec un assaisonnement généreux et exquis que je voudrais faire goûter à Luca, mais lui préfère la chair.

Je suis fatigué par le voyage et m'endors insouciant des serpents qui ne manquent pas entre ces pierres. Un a déjà réussi à échapper aux coups de bâton de nos surveillants qui leur ont donné la chasse. Le lieu est plein de roches et de cavités et l'astucieux reptile a su s'esquiver indemne. Je dors comme une masse jusqu'à l'appel de la prière du matin. Je me lève et je prépare mes bagages en pensant qu'on va reprendre la route, vers la liberté peut-être. Au contraire, ils retournent tous dormir.

J'attends le lever du soleil et me prépare un café. Vers 8 heures, ils nous invitent à nous mettre à l'abri dans une grotte naturelle avec un énorme rocher qui sert de toit. Nous sommes bien cachés et abrités du soleil. Je m'installe et j'écris ces notes. La voiture du « Prince » et de son groupe de costauds avec un équipement lourd de mitraillettes et de lance-roquettes repart peu après, et cela nous semble un adieu. Un nouveau surveillant monte la garde, rejoint peu après par d'autres camarades en moto. Tout laisse à penser qu'il s'agit d'une attente de quelques heures, le temps qu'une voiture vienne nous chercher pour continuer le transfert. Nous espérons seulement atteindre la fin de ce cauchemar ou, tout au moins, être entrés dans la phase conclusive.

Dans l'après-midi, arrive l'ordre de repartir. Nous avons eu le temps de réorganiser nos bagages. Désormais tout le nécessaire tient dans le sac à dos et les couvertures sont enroulées dans un sac à part. Nous avons mis la nourriture dans un bidon bleu que nous utilisons comme garde-manger commun. Nous avançons lentement vers le sud, entre rochers et terre aride pendant une vingtaine de kilomètres et aboutissons dans un endroit « lunaire », fait seulement de pierres et de quelques arbustes. Ils nous font nous abriter sous un petit arbre épineux, et voici que s'annonce une bourrasque de vent et de sable. Ils me donnent une toile cirée et nous attendons qu'elle passe. Pas de pluie. Le chef de bande s'en va en voiture et laisse trois jeunes en moto pour nous garder. Je dîne de thé et de biscottes et me couche dans le *bougui* qu'ils ont fait en toute hâte avec des branches épineuses. La nuit n'est pas tranquille, je me réveille souvent à cause du vent et de gouttes d'eau qui ne se transforment jamais en pluie.

Tandis que tous dorment encore, je me lève pour la toilette et me prépare du thé. Puis je me promène entre les pierres. L'horizon est bouché par des monticules de pierre. Tout est aride autour de moi et il n'y a pas âme qui vive. Nouvelle attente. J'écris dans mon journal de voyage sans être dérangé.

### *Lire les signes des temps*

J'ai souvent prié et demandé à Dieu de me parler, de se révéler dans un songe, de me donner un indice ou un signe. Pour toute réponse, le silence. Ou peut-être est-ce moi qui suis sourd et aveugle à ses messages. Je cherche alors à relire le voyage de ma captivité.

L'enlèvement s'est produit à la fin de la saison des pluies. Je m'étais protégé contre cette pluie fine avec une toile noire. De même, avant de quitter les dunes de sable du Sahara, une petite pluie nous avait arrosés, mais par chance, elle n'a pas été insistante et la toile noire a suffi à me protéger efficacement.

Le départ dans la nuit et la sortie du désert ont eu lieu avec des personnes expérimentées et rapides, sans incident aucun. De même, le voyage en moto avec « visage d'ange » après l'enlèvement s'est déroulé sans chutes accidentelles, malgré les parcours décousus et sablonneux.

Le groupe qui nous a maintenant sous sa garde me rappelle de près les équipes de soutien avec lesquelles j'ai transité en remontant le fleuve Niger et qui m'offraient des boissons gazeuses pour me restaurer. Ainsi en a-t-il été le 19 juillet dernier à notre arrivée dans ces rochers : ils nous ont offert une boisson fraîche au jus d'orange et de fraise.

Les événements déjà vécus semblent se répéter, presque comme une parenthèse qui se ferme. Peut-être sommes-nous sur la route du retour ? Je crains plutôt que cette lecture des signes ne soit autre qu'une pieuse illusion de ma part pour ne pas perdre courage. L'auto-conviction de celui qui veut à tout prix espérer contre tout espoir réaliste et raisonnable. Je demande à l'Esprit consolateur ses dons de conseil et d'intelligence pour comprendre ce qui reste difficile à saisir.

La donnée objective est qu'en seulement trois jours nous sommes sortis au pas de course des sables du Sahara. Maintenant, nous stationnons dans un habitat plus pierreux et plein d'arbustes épineux. Les températures me sont plus familières et correspondent davantage à celles de la savane du Niger auxquelles je suis habitué. Mais l'attente demeure. On n'entend pas encore sonner la cloche du dernier tour.

J'ai une pensée et une prière pour saint Jacques apôtre dont c'est la fête ces jours-ci. J'ai fait le chemin de Saint-Jacques il y a douze ans, au mois de juillet précisément, pour préparer mon départ pour le Niger. Traditionnellement, les pèlerins, à la dernière étape, brûlent leurs vieux vêtements avant d'entrer dans la petite ville de Saint-Jacques-de-Compostelle. C'est ce que m'a expliqué mon ami espagnol quand nous sommes arrivés au mont Gozo. Du haut de l'esplanade, nous avons contemplé l'arrivée, et c'est là que nous avons campé pour la dernière étape. Je n'attends plus que d'atteindre la cime de la dernière montée et de voir le but du chemin. Là, je brûlerai mes vêtements de captivité.

### *Tempête de sable*

Jeudi 25 juillet, voici le bain de pluie plusieurs fois esquivé. Coups de tonnerre, éclairs et eau abondante. Je suis bien protégé sous la toile grise imperméable et je ne crains pas de me mouiller. Une fois l'averse passée, je mange la soupe et le pain avec des sardines que j'avais préparés auparavant. Le ruisseau asséché qui est à côté de nous s'est gonflé d'eau. Nos gardiens sont contents de remplir le baril vide de deux cent litres d'eau de pluie.

À notre question sur ce que nous attendons encore, ils nous disent que « la femme » devrait arriver. Édith peut-être ? Cela expliquerait cette attente de dix jours.

Le lendemain arrive une voiture avec deux *moudjahidin* à bord et trois bidons d'eau dans le coffre. Nous repartons et nous voyageons toute la matinée pendant 150 km vers le sud. Pause déjeuner et attente jusqu'à 18 heures. Au crépuscule, nous parcourons encore une vingtaine de kilomètres. Puis, nous dormons à la belle étoile.

Entretemps, nous avons appris qu'un autre Italien avait été capturé. Il se trouvait à bicyclette sur la route conduisant à Tombouctou. Les faits remontent au début du mois de février dernier. Le chef de l'expédition, qui se fait appeler Abou Naser, nous informe que des négociations sont en cours avec le gouvernement italien et qu'il négocie pour tous les Italiens qu'ils détiennent. C'est peut-être l'unique bonne nouvelle qui alimente notre espérance. Quand le volumineux « colis » de trois otages italiens sera réuni, il pourra être renvoyé à l'expéditeur.

Cette nouveauté du troisième « intrus » expliquerait pourquoi les négociations ont été si longues. Il y a eu mon enlèvement, en septembre 2018, puis celui de Luca et d'Édith, en décembre 2018 et maintenant s'est ajouté celui du cycliste en février 2019. Il faut calculer un mois de *blackout* à cause du ramadan, de sorte qu'entre juin et juillet les négociations ont probablement repris pour finaliser l'accord.

Abou Naser a précisé que la négociation ne se faisait jamais par voie électronique, mais en personne avec un émissaire. Cela expliquerait la lenteur d'un rendez-vous à l'autre. Voici désormais presque un an que je vis au grand air et j'ai la peau du visage asséchée par le vent et le soleil. La longue attente continue. Chaque soir, la pluie menace et des orages s'annoncent, mais pour le moment, nous n'en avons presque jamais eu. Nous sommes à la saison des pluies, mais la quantité de précipitations rencontrées jusqu'à maintenant est relativement basse. Je suppose que cette tendance est propre au désert et je la considère comme une chance pour moi. Mais le pire est à venir.

### *De la grêle à ne pas y croire*

À la fin de l'après-midi du 3 août, il y a une première averse de vent et de pluie. Je suis tranquillement à l'abri et j'attends que l'orage passe. Au contraire, la pluie épaisse se transforme vite en tempête. Sur ma toile commencent à tomber des grêlons gros comme des noix. L'eau envahit notre refuge et nous sommes contraints de l'abandonner en hâte. Je réussis à emporter seulement une couverture et une toile plastifiée. Luca se sacrifie pour récupérer provisions, sac à dos et matériel varié. Je tremble de froid et suis complètement détrempé.

Je remonte la pente, m'assieds sur une pierre et regarde stupéfait le cours d'eau qui s'est créé. Le *wadi* est devenu un vrai fleuve qui traîne avec lui des branches et différentes choses. La force du courant engloutit et emporte aussi les trois motos de nos gardiens. J'attends que cela finisse et j'enlève aussitôt mes habits trempés. Je remercie Luca d'avoir mis en sécurité le sac à dos et d'avoir abrité nos affaires sous un cellophane avant que le fleuve n'envahisse notre cabane.

Nuit humide et froide dans l'attente du soleil du matin pour étendre et sécher nos habits et nos affaires. Nos gardiens ont récupéré leurs motos et passent la journée à démonter, laver, sécher et remonter chaque partie. Avec habileté, ils nettoient méticuleusement le carburateur et la partie électrique. Une véritable révision générale du véhicule.

Août se confirme comme le mois où les pluies sont les plus intenses et les plus violentes, même dans le désert, et devoir les affronter dans des circonstances aussi précaires m'effraye maintenant plus qu'auparavant. Le soir, un paracétamol m'enlève mon mal de tête causé par le froid enduré.

Deux jours plus tard, nouvel orage, mais cette fois, il ne me surprend pas comme le précédent. J'ai tout enroulé et mis à l'abri sous le cellophane noir et j'ai attendu sous la toile de caoutchouc que le déluge passe. Une pluie abondante et le scénario habituel de l'eau qui se déverse en aval, redonnant forme au fleuve qui démolit définitivement notre cabane.

Il semble désormais que la saison des pluies ait rompu les digues. Tous les deux ou trois jours, nous voyons des nuages s'amonceler. La pluie semble préférer l'après-midi ou le soir. Le grondement du tonnerre dans le lointain annonce son arrivée : nous voyons avancer sur nous un mur de vent et de sable. C'est le signal sans ambiguïté qu'il faut nous protéger rapidement ainsi que nos affaires. Parfois, c'est une fausse alerte, mais souvent, l'explosion d'une bombe d'eau nous submerge.

Outre la désagréable humidité, nous devons nous défendre contre les moustiques qui font la fête le soir et la nuit. La moustiquaire protège, mais n'est plus hermétique. Le vent et la grosse grêle l'ont déchirée et trouée à plusieurs endroits. J'ai pu la raccommoder, mais elle n'est plus neuve. La météo m'inquiète mais ne me détourne pas de l'interrogation de fond : pourquoi nous ont-ils fait sortir du désert de dunes dans la précipitation ? Et pourquoi cette longue pause de vingt jours dans des lieux si précaires et non équipés ?

La réponse ne tarde pas à arriver. Le soir du 10 août, une voiture et une moto nous rejoignent. Abou Naser nous présente Nicola Chiacchio, le cycliste italien, capturé le 4 février 2019. Le regroupement a eu lieu. Le « paquet Italie » est au complet. Nous espérons être enfin proches de la conclusion.

Le lendemain plane un air de fête. Tous portent une nouvelle tenue. Ils ont sacrifié un mouton et nous en offrent un gros morceau. Je devine que c'est aujourd'hui la fête de la Tabasky[2]. Nous préparons riz

---

[2] Dans certains pays de l'Afrique occidentale c'est ainsi qu'est appelée l'Aïd Al Adha, c'est-à-dire la fête du sacrifice d'Abraham.

et viande, tandis que Nicola se cuisine des spaghettis et des lentilles, car il est rigoureusement végétarien.

Abou Naser, avant de prendre congé de nous, nous annonce que les négociations se sont accélérées et que nous nous en irons bientôt. Ce qui renforce encore nos espoirs. Nous commençons à faire des hypothèses sur les modalités du relâchement qui, selon Nicola, se fera par un hélicoptère de la Mission des casques bleus de l'ONU au Mali (Minusma).

Après seulement une journée, la moto du chef réapparaît. Comme nous l'avions imaginé, il vient nous dire que nous devons faire une vidéo tous les trois ensemble, en déclarant notre identité et la date de ce jour, le 13 août 2019. Pour nous, c'est la confirmation que nous sommes vraiment entrés dans la phase finale. La vidéo est la preuve sans équivoque que nous sommes en vie et réunis au même endroit. Il est probable aussi que la négociation ait été conclue et qu'il ne reste à définir que les détails de l'échange. Nous pensons que c'est une question de peu de temps.

Chaque jour, nous attendons avec impatience. Le 16 août, je note dans mon journal que j'ai atteint 333 jours, soit onze mois de lutte. Ce qui allège l'anxiété de l'attente, c'est la loquacité de Nicola qui alimente la conversation sur de nombreux sujets. Son répertoire va des comiques napolitains, dont il est un admirateur passionné, à des notions sur l'univers. Il est diplômé en ingénierie aérospatiale et a aussi enseigné pendant six ans à l'université de Concepción au Chili.

Pendant ce temps, les pluies d'août se succèdent, abondantes et régulières. Notre *wadi* est à plusieurs reprises envahi et inondé par l'eau de pluie qui arrive des pentes environnantes. Mais nous avons appris à faire contre mauvaise fortune bon cœur. Les solutions imaginées nous permettent de faire face aux « désagréments » du moment.

Chaque jour, je tourne mon regard à l'horizon, non seulement pour anticiper l'arrivée d'une nouvelle perturbation, mais aussi pour guetter celle de la bonne nouvelle, qui tarde à venir.

## *Voyage sur le* dark web

L'oreille guette toujours le moindre bruit de voiture ou de moto. Plusieurs fois, nous avons entendu des moteurs dans le lointain, mais ils allaient probablement ailleurs, ou c'était la circulation locale sans rapport avec nous. Chaque jour pourrait être le bon et marquer la fin de cette douloureuse histoire. Je crois cependant que le scénario de la fin n'a pas encore été écrit. Nous échafaudons toujours de nouvelles hypothèses, mais nous pourrions être surpris.

L'unique donnée concrète est que nous avons été tous les trois enregistrés ensemble dans une vidéo comme otages italiens. Cela confirme que nous sommes en vie et que le « colis Italie » peut être renvoyé à l'expéditeur sans retard supplémentaire, au cas où le feu vert arriverait sans préavis.

Nous souhaitons que tout se passe rapidement. Un mois entier s'est écoulé depuis que Luca et moi avons quitté le désert de sable. Et depuis un mois, nous sommes parqués dans cette zone de pierres et de rochers. Cela semblait aller vite, en seulement trois jours nous avons parcouru 800 km, mais depuis, 30 jours d'immobilité absolue.

Aujourd'hui, c'est le 20 août et la vidéo a été faite et expédiée depuis huit jours déjà. Encore aucune réponse ne s'est montrée à l'horizon, seulement des nuages qui menacent tous les soirs d'éclater. Les jours se déroulent identiques et monotones.

Il y a eu le ravitaillement de mille litres d'eau et de nourriture voici deux jours, avec un supplément de fruits au sirop, de dattes et de biscuits. Un peu de douceur pour résister un temps relativement court. La fin de l'histoire semble proche, mais entretemps, le 12e mois de captivité a commencé. J'attends, je prie, j'espère chaque jour et j'écris ces notes sur l'obscurité qui me tenaille.

J'ai été renversé par un rocher bien trop grand pour mes forces. Englouti par un trou noir. Aspiré à l'intérieur du *dark web*. Je n'avais pas connaissance de l'existence d'un *dark web*. C'est Luca, un jour, qui m'en a parlé. Il m'a expliqué qu'à l'intérieur du web existait un monde caché et obscur, où l'on peut trouver de tout et faire des affaires au noir en payant en *bitcoin*. Un monde sans lumière, mais bien réel et très fréquenté, à en croire celui qui en connaît plus que moi.

Ce qu'en revanche je connais maintenant et vois de mes yeux est un monde obscur et une sale guerre. Depuis plus de vingt ans, je vis et voyage en Afrique et jamais ne m'est venu à l'idée que je risquais d'être séquestré.

Dans ce monde obscur, j'ai vu et rencontré de nombreux jeunes exaltés au cri de *Allahu Akbar*. J'ai croisé le regard, étonné et surpris, d'enfants-soldats en tenue militaire et portant des *kalachnikov* en bandoulière. Je n'avais jamais vu auparavant tant d'armes et de munitions sur des jeunes prêts à jouer leur vie et à s'immoler. Ils se disent prêts à tout pour servir – ou pire encore – pour défendre Dieu.

Une jeunesse qui vit cachée et qui se déplace de façon sournoise. Dans ce monde *dark*, la parole prend un ton arrogant et la langue est tranchante. J'en ai fait personnellement l'expérience et cela m'a laissé très amer. Mes oreilles et mon cœur n'avaient jamais entendu autant de mépris. Je ne me rappelle pas avoir entendu de la bouche de jeunes africains des paroles pleines de dédain, à la limite de l'insulte, envers des adultes qui pourraient être leurs parents.

Cela fait désormais un an que je n'ai pas vu la vie quotidienne d'un village et que je n'ai pas habité de maison. Je n'ai jamais plus croisé de visages de femmes et d'enfants jouant en liberté, de scènes de vie ordinaire d'effort et de joie autour du puits où la maman lave le linge et les casseroles tandis que s'ébattent de jeunes enfants insouciants.

Un an toujours caché de tous, sous des refuges et des abris, pour échapper aux rayons du soleil et à d'éventuels drones ou hélicoptères qui pourraient oser une attaque surprise. Seulement une vie précaire et nomade au milieu des dunes de sable et de lieux déserts. Vie *dark*, au milieu d'hommes *dark* qui ne pensent à rien d'autre qu'à mener une guerre *dark*.

Ceux qui me retiennent encore comme otage et comme prisonnier sont convaincus de participer à la guerre sainte, au nom d'Allah. Ils sont convaincus que l'Occident infidèle est en croisade et leur a déclaré la guerre au Mali, en Libye, en Somalie, en Irak et en Afghanistan, planifiant ainsi la disparition de l'islam de la face de la terre.

En réponse à cette agression, les groupes liés à Al-Qaïda jugent que la guerre sainte est nécessaire pour conquérir le monde infidèle et le soumettre à la volonté d'Allah. C'est le grand projet final, mais pour le moment, ils se contentent de ne pas se laisser phagocyter par un Occident arrogant et dépravé qui veut imposer chez eux sa démocratie sans Dieu.

Les troupes de cette armée parfaitement endoctrinée par des vidéos de propagande sont très jeunes et souvent analphabètes. Elles sont facilement manipulables et obéissantes *perinde ac cadaver* à la cause du *djihad*. Ce sera une guerre longue et disséminée dans plusieurs parties du monde, avec des conséquences désastreuses et douloureuses pour les populations et les jeunes générations elles-mêmes.

L'humanité étourdie n'a pas encore tiré la leçon d'un siècle rempli de conflits dont deux guerres mondiales. Nous ferions mieux de méditer cette prédiction, attribuée au grand savant et prix Nobel de physique Albert Einstein : « Je ne sais pas comment se fera la troisième guerre mondiale, mais ce dont je suis sûr, c'est que la quatrième se fera à coups de massues et de pierres. » Une éventuelle troisième guerre mondiale qui utiliserait des armes sophistiquées de destruction massive et des têtes nucléaires causerait des catastrophes irréparables pour l'ensemble des hommes et de la planète. Si la vie réussissait à renaître de ces décombres, l'humanité repartirait de l'âge de pierre. C'est cela que voulait dire le père de la relativité.

Croyons en un sursaut de sagesse et de bon sens. La guerre aujourd'hui compte de nombreux fronts, ouverts et cachés. Le *dark web* est l'un d'eux ; il est sournois et dangereux.

## 5.

## SEPTEMBRE NOIR

Nos gardiens nous ont dit qu'ils finiraient leur tour de service à la nouvelle lune. Il y aura alors une relève et peut-être changerons-nous d'endroit. Abou Naser a promis de venir en personne apporter les ordres.

Serons-nous seulement transférés vers un autre lieu ? Serons-nous libérés ? Y aura-t-il encore une étape intermédiaire ? D'autres idées commencent à se frayer un chemin dans nos conversations. Attendre ? Tenter la fuite ? On espère une fin prochaine, mais si elle n'arrive pas ? Peut-être est-il bon de commencer à réfléchir à un plan B.

Le nouveau mois commence par un changement de lieu et d'équipe. Ils nous conduisent au précédent refuge de Nicola Chiacchio, quelques kilomètres plus au nord. Bivouac sous les étoiles et réveil avec du vent et du sable. Nous construisons un nouvel abri et nous nous installons dans l'attente de la visite d'Abou Naser.

Les provisions pour le mois ne tardent pas à arriver : comme d'habitude, riz, oignons, pommes de terre et dattes. Le temps est variable, de même que nos humeurs. Luca est de l'avis de tenter la fugue ; Nicola croit que c'est le mois décisif ; quant à moi, j'opte pour une attente vigilante.

Luca est le plus déterminé à tenter une sortie et je crois qu'il a désormais pris sa décision. Mes efforts pour l'en dissuader ne servent à rien. Je comprends que chaque jour qui passe est une pierre de plus qui pèse sur nos épaules fatiguées et désabusées.

Mes nuits sont agitées de rêves de liberté et de recherche de sens. Je revois les images de l'enlèvement et le moment où j'ai été encerclé et emmené. Je laisse défiler le film des événements sur l'écran de ma mémoire. Une année entière de captivité, totalement vide d'activités missionnaires, remplie seulement de prières et d'interrogations cherchant à s'aventurer dans le mystère de Dieu pour en entrevoir le sens. Je n'y ai trouvé aucune indication et je n'ai reçu aucun songe révélateur capable de m'indiquer le chemin à suivre. Seulement l'obscurité et un grand silence en moi. Je ne vois aucune fenêtre s'ouvrir dans ce tunnel. Chaque jour, j'avance à tâtons. Chaque nuit, je rêve les yeux ouverts de liberté, mais la réalité me rattrape au réveil.

Le matin du 11 septembre est plutôt mouvementé. Luca a tenté de fuir pendant la nuit, mais a été repris avant midi. Ils le ramènent en moto, le jettent brutalement à terre et l'enchaînent immédiatement. La punition rituelle est inévitable : il est mis à l'isolement sous un arbre à une petite distance de nous et privé de natte et de couvertures pour la nuit. Abou Naser est réapparu et naturellement, il nous a accusés, Nicola et moi, de complicité. Pour prévenir d'autres tentatives de fuite nocturne, nous sommes contraints de dormir près de nos gardiens.

### *Tristesse et amertume*

Jour après jour, mois après mois, mon cœur s'est rempli de beaucoup de tristesse et d'amertume, qui sont désormais mes compagnes de captivité. J'ai du mal à me reconnaître dans le miroir. J'ai toujours été une personne joyeuse, optimiste et positive. Avec regret, je constate que la guerre fait malheureusement aujourd'hui trop d'adeptes. Le mépris qui anime ces jeunes armés de *kalachnikov* me navre. Ils me parlent et me traitent avec dédain parce qu'ils me considèrent comme un infidèle obstiné, bon seulement à être brûlé dans le feu de l'enfer. Tous les *kouffar* et ceux qui ne suivent pas le prophète Mohammed seront punis de cette façon par Allah.

Je me retrouve dans le Job biblique, brisé de toutes parts par les malheurs, les souffrances, les épreuves et la douleur. Ses nombreuses interrogations et sa protestation contre Dieu hantent mes journées. Je suis étendu sur ma natte, contraint à ne rien faire. Dieu se tait et semble absent ou sourd à mes appels qui l'interpellent et le prient de venir à mon aide.

La tristesse se lit sur le visage de Luca, l'amertume sur celui de Nicola, mes compagnons de malheur. Le premier est maintenant retenu loin de nous tous et il est impossible de communiquer avec lui sinon par des gestes, sans se faire voir. Je le vois abattu, inconsolable et désabusé. Il reste pendant de longues heures étendu à terre, le regard vers un lointain horizon de liberté, pour l'instant inatteignable. Je peux imaginer la tempête intérieure qui l'agite suite à l'échec subi.

Cet événement, autant Nicola que moi nous l'avons regretté. Depuis un mois exactement nous partageons le même sort. Il m'a raconté avec entrain et avec l'accent napolitain son itinéraire en vélo, un parcours africain de 10 000 km commencé à

Madrid en Espagne, pour se poursuivre au Maroc, en Mauritanie, au Sénégal, en Gambie, en Guinée-Bissau et en Guinée-Conakry. Il est ensuite remonté en Côte d'Ivoire, a traversé le Burkina Faso et est arrivé au Mali. Sur la route pour Tombouctou, la fameuse cité du nord du Mali et but final de son itinéraire, il a été intercepté par quatre *moudjahidin* en moto qui ont brusquement mis fin à son voyage et à sa condition d'homme libre.

Les dernières semaines avant la tentative de fuite de Luca avaient été globalement plus détendues. Nicola nous avait fait rire avec les répliques de ses acteurs préférés : Totò, Massimo Troisi et Luciano de Crescenzo. Comme professeur d'université, il nous avait éclairés sur le mouvement des étoiles et des satellites qui tournent au-dessus de nos têtes et qui sont bien visibles dans les nuits sahariennes. Il y a maintenant beaucoup de déception dans ses paroles. Sa langue a perdu la souplesse et la légèreté des jours derniers.

Tristesse et amertume reflètent aussi la situation actuelle. En arrière-plan de cet instantané, de nombreux nuages obscurcissent le soleil, sans toutefois réussir à l'éteindre. En moi, l'envie de vivre et d'espérer ne s'est pas affaiblie, et la décision de résister pour de nouveau être libre s'est même renforcée.

J'ai hâte de reprendre le voyage de la vie, fortifié par cette nouvelle épreuve de souffrance endurée et offerte. Mon visage est creusé de rides de découragement et de déception, mon cœur porte les cicatrices de la douleur et de la frustration, mais l'envie de vivre et d'ouvrir de nouvelles voies pour un avenir non-violent de paix et de fraternité soutient mon espérance.

Le printemps d'un homme nouveau a déjà commencé à germer. Je suis convaincu que ce ne seront ni la violence ni les combattants d'Allah qui sauveront l'Afrique. Ce ne seront même pas les opérations militaires des forces occidentales pour garantir la démocratie et la paix sur ce continent. Ce ne seront pas les politiques des murs, des refoulements et des expulsions qui protégeront l'Europe du flux migratoire de populations en route vers un avenir d'espérance. Je crois qu'un monde nouveau surgira quand l'amour et la vérité se rencontreront, quand la justice et la paix s'embrasseront (Ps 84). La paix crucifiée et couverte de plaies renaîtra, mais seulement pour les hommes et les femmes qui ont souffert *chaînes de liberté*.

### *Des chaînes pour mon premier anniversaire*

La tentative de fuite de Luca, lamentablement avortée, a eu tout au moins le mérite d'obliger nos surveillants à jeter le masque de l'hypocrisie. Luca s'est pris des coups, des insultes et des punitions. Réaction et défoulement prévisibles pour décharger toute la tension et la peur accumulées suite à une tentative de fuite qui pouvait les surprendre et ruiner leurs plans. Les chaînes ont été bien fixées aux deux pieds du fugitif, comme c'est l'usage dans le désert avec les dromadaires pour les empêcher de trop s'éloigner du campement.

La punition a aussi été communautaire. Pour décourager d'autres projets de fuite nocturne, après le coucher du soleil nous devons nous déplacer avec notre grabat sous le contrôle visuel des gardiens. En outre, à la fin de la journée, nous devons leur remettre les petites réserves d'eau qui restent dans nos bidons.

De même, les promenades du matin et de l'après-midi sont suspendues jusqu'à nouvel ordre.

J'ai eu une désagréable surprise : chaînes nocturnes pour moi aussi. J'ai été suspecté et puni comme principal complice, qui avait connaissance du projet. En réalité ils n'attendaient rien d'autre; ils ont profité de l'occasion pour justifier leur aigreur envers moi. De fait, ils ont épargné les chaînes à Nicola qu'ils considèrent comme un frère musulman, puisqu'il s'est « converti » à l'islam, prie régulièrement cinq fois par jour avec eux et a suivi aussi le mois de jeûne du ramadan. Luca et moi, au contraire, sommes de vrais *kafiruna,* c'est-à-dire des mécréants. Les chaînes sont mon « cadeau » pour le triste anniversaire du 17 septembre, jour de mon enlèvement.

Malgré cela, j'ai saisi « au vol » une raison d'espérer dans les paroles de nos gardiens. L'un d'eux a laissé échapper cette phrase : « Mais pourquoi Luca s'est-il enfui alors que vous serez *karib* libérés ? » C'est en ce mot arabe, qui signifie « bientôt » que je continue de placer mon espoir, malgré les chaînes. Tout finira bientôt !

Après quelques jours, nécessaires pour apaiser les esprits de nos surveillants, ils permettent au fugitif de revenir dans le groupe. Luca nous raconte son exploit nocturne et sa capture. Mais les ennuis ne s'arrêtent pas là.

Fin septembre, nous sommes transférés d'urgence en moto vers un autre lieu pour échapper au regard de drones qui se font entendre dans les environs. Trois jours plus tard, nous retournons au refuge avec la relève des surveillants. Entretemps, j'avais délibérément « oublié » mes chaînes dans la cachette provisoire où nous avons été retenus ces jours.

Quand le gardien, que nous avons surnommé Azur (le prince charmant de la p. 127), a su que je n'avais pas mis les chaînes dans mes bagages, il s'est mis très en colère et a tout de suite envoyé quelqu'un les chercher. De son point de vue, les chaînes sont mon affaire et ses « petits soldats » n'ont pas à s'en préoccuper. Il en a naturellement profité pour renchérir en durcissant ma punition. La médiation de Nicola a conjuré l'application de la menace, mais il a voulu que la chaîne reste verrouillée autour de ma cheville gauche en permanence, comme une boule au pied. Ainsi, je me déplace perpétuellement avec une chaîne de fer.

Le chef Abou Naser, quant à lui, ne nous adresse plus la parole : il considère que nous avons trahi sa confiance. Lui, avec bonté, nous avait permis une grande liberté de mouvement et d'action et nous, malfaisants, nous avons voulu en profiter. Mais peut-être ne sait-il pas, ou fait-il semblant de ne pas savoir, qu'une séquestration de personne est un crime grave. Le masque tombé, il paraît clair que nous, otages, nous ne sommes rien d'autres que de la monnaie d'échange.

Toute gentillesse ou condescendance à notre égard n'est qu'une fausse image d'une prétendue bonté visant à les justifier devant le Coran. À leurs yeux, les ennemis occidentaux sont les vrais « méchants », assez cyniques pour bombarder et emprisonner les bons patriotes qui combattent pour la liberté et surtout au nom d'Allah.

Je suis convaincu que c'est la vraie difficulté de la négociation. Plus qu'une rançon pécuniaire, ils espèrent négocier la libération de leurs *moudjahidin* prisonniers. C'est pour cette raison que c'est si long ! Pour confirmer ma supposition, il y a deux jours Azur est venu conciliant nous montrer la vidéo de la libération d'un Français[1] qui avait été retenu prisonnier dans la région. Après trois ans de captivité, il avait été libéré en échange de sept *moudjahidin.*

Pourquoi a-t-il voulu nous montrer cet enregistrement ? Peut-être pour nous donner un signe, moins sur les modalités de la libération que sur le fait que les choses traîneront en longueur tant que les requêtes exigées pour notre libération ne seront pas pleinement satisfaites ? Nul ne sait combien de temps encore durera notre angoisse.

Je note aussi les paroles méprisantes et les coups d'œil dédaigneux de mes gardiens. Ils m'appellent *chibani,* c'est-à-dire « vieux », mais ils ne le disent pas avec le respect et l'affection typique des jeunes africains. Pour eux, je suis un infidèle et un incorrigible chrétien. Je n'éprouve aucun sentiment de revanche, de rancœur ou pire, de haine, mais plutôt une grande amertume à voir les valeurs africaines que sont le respect, l'accueil, l'hospitalité, l'attention à l'étranger et à l'ancien, si négligées et foulées au pied.

Pendant cette année de captivité, j'ai accepté les nombreux désagréments. Je suis toute la journée exposé aux intempéries, le vent a désormais brisé ma voix depuis plusieurs mois. Je dors par terre, je mange toujours les mêmes choses et je bois beaucoup de thé chaud, mais être la cible d'insultes gratuites et objet de mépris, seulement parce que j'ai une foi différente de la leur, me blesse profondément.

Ils sont convaincus qu'Allah bénit chacun de leurs gestes, y compris le meurtre des *kafiruna* ou infidèles

---

[1] Serge Lazarevic, enlevé au Mali le 24 novembre 2011 et libéré le 9 décembre 2014.

coupables de ne pas être musulmans. Le paradis, du reste, est seulement pour les musulmans qui déclarent publiquement leur *credo*. Les bonnes œuvres que tout homme peut faire en suivant sa foi religieuse, sa conscience ou ses convictions morales, ne sont d'aucune utilité.

Le dialogue est impossible. Ils sont solidement convaincus d'être dans le droit chemin et détenteurs de la vérité révélée. Pour les infidèles, il n'y a pas d'autre alternative que de se repentir et de se convertir, pour éviter le pire après cette vie, représenté par le feu ardent et éternel de l'enfer.

Avec ces prémisses, je suis averti ; toute parole ou geste de ma part, qui pourrait se prêter à une mauvaise interprétation ou être lu comme une provocation, est donc à éviter. J'espère seulement que ce cauchemar finira bientôt. Mon unique arme de défense reste la prière quotidienne. Je prie pour mes persécuteurs comme demandé expressément par Jésus lui-même en Mt 5, 44 : « Mais moi je vous le dis, aimez vos ennemis et priez pour ceux qui vous persécutent. »

### *Un film qui se rembobine*

Les journées s'écoulent de façon monotone, enveloppées de grands espaces de silence. Souvent, il m'arrive de rembobiner le film des événements et d'en reconstituer les passages significatifs de manière à les garder en mémoire. Peut-être est-ce une tentative expérimentale d'entrer en contact, par la pensée, avec ma famille et mes amis, pour qu'ils puissent capter mon message codé et être informés de mon périple. Voici la transcription de mon texte chiffré.

Durant les six premiers mois, je n'ai eu aucun contact avec le monde. Après ma capture j'ai disparu dans la nature. J'ai fait un voyage en moto de 17 jours et ils m'ont caché parmi les arbustes du Sahel malien pendant 22 jours. Durant cette pause, j'ai toujours été enchaîné à un arbre par une chaîne en fer d'un peu plus d'1,20 mètre. Ensuite, j'ai été conduit au milieu des dunes de sable du Sahara, dans le nord du Mali.

Le quarantième jour, ils m'ont filmé pour confirmer que j'étais retenu comme otage du Groupe de soutien à l'islam et aux musulmans (GSIM).

Puis j'ai disparu dans les dunes de sable du grand Sahara. Souvent changé d'endroit, j'ai parcouru de longs kilomètres, en alternant jours de voyages et jours de pause ; toujours et rigoureusement vers le nord. J'ai connu la variété du Sahara et je suis entré au cœur du désert, où il n'est pas permis aux arbres de prendre racine. J'ai habité la solitude entre étendues de dunes et touffes d'herbe sèche.

Dans cet infini de silence, de soleil et d'étoiles, je suis resté deux mois. Disparu et introuvable comme une aiguille dans le sable. J'ai recommencé à voir de rares arbres seulement début 2019, quand ils m'ont ramené au sud et m'ont confié à un nouveau groupe de gardiens. Avec eux nous avons pris la direction de l'ouest, chevauchant les dunes et changeant de cachette chaque fois que l'on entendait des bruits de drone ou d'avion suspects.

Le 13 mars, je suis sorti de cet isolement digne du 41 bis[2]. Ils m'ont regroupé avec Luca Tacchetto,

[2] Prison de haute sécurité et de très grand isolement pour les chefs mafieux.

et avec lui j'ai partagé plus de quatre mois de désert et d'espérance. Puis nous avons été transférés à l'est, dans une zone de rochers et de pierres. J'ai vu ainsi un autre visage du désert.

Le 10 août, nous avons été rejoints par Nicola Chiacchio. Nous nous sommes raconté nos histoires et Nicola nous a donné quelques nouvelles apprises par les médias avant d'être lui-même capturé le 4 février 2019 sur la route Douentza-Tombouctou. Il avait entendu parler de notre enlèvement et avait lu l'information sur Internet.

Nicola nous a raconté qu'en Italie on n'avait pas de nouvelles du prêtre enlevé au Niger. Il avait aussi pu lire un article sur Internet dans lequel mon frère Walter informait les journalistes que depuis le jour de mon enlèvement, j'avais disparu restant introuvable. En revanche, le gouvernement canadien affirmait savoir qu'Édith, la compagne de Tacchetto, allait bien. Le père de Luca déclarait de son côté qu'il espérait que son fils ne tomberait pas dans un trou noir. Nicola nous communiquait en outre que le premier ministre italien, Giuseppe Conte, avait été en mission au Niger et au Tchad en janvier 2019. Telles étaient les quelques nouvelles du monde que nous avions.

Nous avons eu d'autres nouvelles fragmentaires par nos ravisseurs eux-mêmes. Un chef avait dit qu'une négociation « concrète » était en cours ; Abou Naser avait quant à lui affirmé que l'Italie avait « enfin accepté » de négocier la libération de tous les Italiens séquestrés par Al-Qaïda au Mali, et le 13 août 2019, il nous assurait que la négociation avait subi « une accélération ». Mais depuis ce jour, au moins deux mois ont passé sans aucune nouvelle.

### *Je m'oppose à Machiavel*

J'ai dépassé l'année de captivité et voilà 13 mois aujourd'hui que je vis cette mésaventure. Pourquoi ces lenteurs ? Au cours de nos conversations nous imaginons des explications possibles. L'ami Nicola défend son hypothèse, à savoir qu'il est utile que nous soyons séquestrés au moins un an. Notre pays, en procédant ainsi, découragerait les touristes et les voyageurs qui ne suivent pas les indications de prudence et de danger diffusées sur le site de la Farnesina. Les pays du Sahel sont des zones classées orange ou rouge, fortement déconseillées.

Pour confirmer cette hypothèse, Nicola soutient que, dans le passé, les séquestrés français et allemands ont supporté au moins trois années de captivité dans le désert avant d'être libérés, car leurs gouvernements ne traitent pas avec les terroristes avant cette limite. Transiger trop vite serait un signe de faiblesse : le paiement de la rançon n'est que la dernière solution. Officiellement, aucun gouvernement européen n'accepte d'alimenter une guerre à laquelle il entend mettre fin, qu'il combatte en première ligne ou par l'intermédiaire de l'OTAN. L'Italie, quant à elle, selon les sources de Nicola, se démarquerait de cette pratique de trois ans et imposerait une limite d'au moins un an pour ne pas s'opposer totalement à ses alliés avec lesquels elle a des ententes à respecter. Ces arguments occupent nos discussions de prisonniers en attente de jugement, mais, personnellement, ils ne me convainquent pas. Ils ne sont pas à exclure a priori, mais ils me paraissent trop machiavéliques.

Mon cerveau se rebelle. Il est vrai que nous sommes trois otages de peu de valeur et que, probablement, pour une grande partie de l'opinion publique, nous sommes des personnes irresponsables ou téméraires « qui l'ont cherché ». Mais je me refuse à penser que le gouvernement joue à de telles manœuvres s'agissant de ses concitoyens.

Notre santé se dégrade, l'anxiété psychologique s'accumule, les inconnues du climat et du désert avec ses vipères à corne et ses araignées venimeuses sont des risques réels de mort. Attendre me semble dangereux. Il est vrai aussi que si j'avais été le seul à être enlevé, l'administration italienne ne se serait peut-être pas engagée à chercher un missionnaire disparu dans cette Afrique en ébullition. Mais nous sommes un groupe de trois personnes !

Mon esprit s'oppose aux froids raisonnements de Nicola et refuse de justifier une telle planification. Les *moudjahidin* m'ont fait disparaître et je suis considéré comme disparu dans le désert depuis trop longtemps. Mon gouvernement préférerait-il que je reste invisible et disparu ? S'agirait-il d'une stratégie antiterrorisme ? Je ne peux croire que les intérêts nationaux et internationaux priment sur la libération de citoyens privés de tout et d'une année de vie. Franchement, je ne trouve pas le fil conducteur de ces pensées et de ces interrogations qui me consument de l'intérieur. Une année s'est écoulée. Combien de temps durera cette interminable partie d'échecs faite de mouvements contradictoires ? En réalité, qui s'intéresse à nos vies volées ?

En novembre, ils m'ont enfin retiré la chaîne que je porte comme une boule au pied depuis plus d'un mois. Ma joie et ma douleur sont toujours mêlées. La décision de Luca de se « convertir » à l'islam m'a attristé. Je l'ai invité à mieux évaluer les conséquences d'un tel geste. J'imagine qu'il veut gagner un peu de sympathie de la part de nos bourreaux. Il pourra ainsi reprendre en main le Coran et continuer à étudier l'arabe, récupérer ses cahiers séquestrés après sa tentative de fuite, et qui sait s'il ne mijote pas autre chose...

Le 17 décembre, Luca atteint un an de captivité. Ainsi nous sommes deux ; pour Nicola ce sera dans 50 jours. Les nuages les plus noirs s'amoncellent en moi. À quoi a servi la vidéo du 13 août dernier si aucune nouvelle ni aucun émissaire ne se sont manifestés ?

### *Le pain de l'attente*

Après 15 mois de séquestration, je me suis habitué à tout. Je dors par terre, sur une natte. Je suis enchaîné la nuit. Je me couche avec le soleil et me lève à l'aube. Je bois de l'eau et du thé vert. Je mange toujours les mêmes choses. Je passe mes journées au grand air. Je ne vois que des *moudjahidin* avec des armes à l'épaule. J'attends, j'écris et je m'ingénie à tuer le temps en fabriquant des objets : un siège, une tapette à mouches, une louche, un dossier d'appui. Je fais aussi le pain.

Pain et imagination sont les ingrédients principaux : pain à vapeur, au four, avec de l'huile, du lait, des dattes, enroulé ou replié. Il n'y a pas de vitrine d'exposition, il passe immédiatement du producteur au consommateur. Une sympathique distraction et un bon passe-temps confirmé par le plaisir de manger des produits maison.

J'apprends à faire le pain arabe selon la méthode touareg, en « l'enfournant » sous les braises recouvertes de sable. Nicola et Luca sont mes maîtres. Nous concourons pour voir qui obtient le meilleur résultat ou imagine la méthode de cuisson la plus efficace. Ainsi, la bassine de fer qu'ils m'ont donnée comme cuvette pour laver mes vêtements, est employée comme coupole sur la pâte-mère pour isoler le pain du contact avec les braises et le sable. Après différentes tentatives, nous réussissons à obtenir la cuisson désirée et de surcroît un pain plus « propre ».

Ensuite, nous tentons de nouvelles expériences : pain à l'huile, pain au lait et *panettone*. L'expert boulanger campanien réussit même à produire une pizza napolitaine au concentré de tomates. Cette tentative appréciée de tous en inspire d'autres. Pour le dîner, j'alterne soupes et pizza au fromage et à l'oignon. J'essaye aussi de petits morceaux cuits sur la pierre. J'en avais trouvé une fine et plutôt plate. Je l'ai chauffée au contact des braises puis j'y ai fait cuire une pâte souple format *tortello*. Nous tentons de nombreux essais avec des résultats plus ou moins satisfaisants, y compris des biscuits et un simulacre de *taralli*, au moins dans la forme. Rien n'est jeté ; tout est mangé et apprécié, ne serait-ce que pour l'imagination et l'ingéniosité requises.

Le soir, je m'arrête pour contempler le coucher du soleil ; la traînée de lumière diffuse et colorée du soleil désormais disparu à l'horizon, mais qui continue à éclairer le crépuscule pendant un long moment, me surprend toujours. Elle semble me suggérer de ne pas me rendre et de ne pas me laisser submerger par les ténèbres qui veulent plonger mon cœur dans la nuit. Je continue tous les soirs à allumer la lumière de l'espérance dans l'obscurité des événements. J'espère chaque jour que l'heure de sortie de cette prison sans murs, qui laisse l'esprit s'évader vers un horizon de liberté, se rapproche.

Le solstice d'hiver est la date qui annonce la revanche du jour sur la nuit, et bientôt ce sera Noël. Bethléem se revêt de lumière et se prépare à enfourner le pain du ciel pour rassasier la faim de vie et de vérité de ceux qui cherchent Dieu. Je pense à la joie de tant de communautés et de familles qui se réunissent à Noël autour du repas eucharistique, puis qui s'asseyent autour de la table dressée pour la fête. Pour moi, ce sera le second Noël consécutif de solitude et de tristesse. Le premier était à 99 jours de captivité, j'atteins maintenant le malheureux record de 465 jours de jeûne eucharistique.

La traînée de lumière du soleil couchant s'est lentement éteinte. Enveloppé dans les ténèbres de la nuit, je n'oublie pas que le *sol invictus* prépare sa rédemption.

### *Homme jusqu'au bout*

La dernière visite d'Abou Naser nous confirme l'habituel refrain : « Rien de nouveau. » En revanche, la nouvelle qu'Édith est toujours prisonnière nous surprend. Le vrai motif de sa venue est de faire une vidéo seulement avec Luca. Il lui demande de parler à sa compagne pour l'inviter à interrompre la grève de la faim et lui donner de l'espoir.

L'année 2020 commence par une nuit vraiment froide, réchauffée par deux couvertures. Au matin, je reste volontiers autour du feu en attendant d'utiliser les précieuses braises pour enfourner le pain. Faire le pain et réchauffer le thé pour le petit-déjeuner est la première occupation de la journée. Puis quelques pas en priant remettent en mouvement les jambes, la tête et le cœur. Je sors de ma poche le chapelet en tissu que je me suis fabriqué et j'égraine sept dizaines d'Ave Maria que je récite en marchant.

En mémoire de l'anniversaire de mon père Gianni, je lui dédie un chant. Il aimait chanter, faisait partie d'une chorale du village et chantonnait souvent en travaillant. J'adresse ainsi au ciel le psaume 125 dans la version musicale du père David Maria Turoldo : « Quand le Seigneur brisa et rompit nos chaînes, ce fut comme un rêve. Toutes les bouches crièrent de joie, des hymnes fleurirent dans toutes les gorges. » En accompagnement, deux larmes jaillissent de l'intérieur.

Nous sommes mi-janvier et autour de moi il n'y a que vent, sable et froid. Résister continue à être le mot d'ordre en ce temps d'attente qui s'allonge inexorablement et s'écoule lentement. J'atteins désormais 16 mois de captivité et pourtant j'espère toujours que quelque chose arrive à rompre ces chaînes que je porte aux pieds toutes les nuits. Dans l'histoire d'un apôtre, la persécution et la captivité ne manquent pas. Ce sont les épreuves de la vie.

La mission m'a fait grandir en humanité. J'ai appris à être homme et à vivre mon humanité sans honte : j'ai aimé, souffert, pleuré, je me suis réjoui, j'ai aidé, j'ai fait des erreurs et j'ai recommencé chaque fois avec plus d'humilité. J'expérimente maintenant les humiliations verbales et physiques. Je suis un homme enchaîné, mais j'ai cependant toujours un cœur libre.

Un apôtre emprisonné reste toujours un messager de paix ou de pardon. Un missionnaire séquestré avance avec le cœur pour annoncer amour et vérité. Vingt-et-un ans de mission en Afrique m'ont enrichi humainement et plus encore, les gens simples, particulièrement les pauvres, m'ont évangélisé. Et maintenant cette période de détention forcée me fait vivre un « dépouillement » imprévu. Chaque jour je prie le cantique de Ph 2, 6-11 que je connais par cœur : « Il s'humilia lui-même en se faisant obéissant jusqu'à la mort et à la mort de la croix. » Depuis le jour de mon diaconat, cet hymne me rappelle l'abaissement et la dernière place du prêtre-serviteur.

Je vis la foi nu et dépouillé de tout. Je touche du doigt la profondeur de la souffrance des victimes innocentes. C'est un mystère qui me dépasse et que je tente d'interpréter en regardant le crucifix. Nous n'avons pas été créés pour souffrir, mais pour vivre pleinement une vie belle, bonne et heureuse. La rencontre de la souffrance est une rencontre qui fait vaciller la foi et notre compréhension de la vie.

Ma force est le Jésus crucifié, qui a traversé la souffrance innocente. Il ne l'a pas expliquée, au contraire il a lancé au cœur du Père son cri profondément humain tandis qu'il vivait le drame de la passion : « Mon Dieu, mon Dieu, pourquoi m'as-tu abandonné ? » (Mc 15, 34). Telles sont les dernières paroles du Christ sur la terre, que nous rapporte l'évangile de Marc. Après elles, seul le silence. Pâques arrivera ensuite et le *shalom* du ressuscité réveillera l'espérance de ceux qui étaient dévastés et inconsolables.

## *La croix parmi les ronces*

De mon *bougui* où je m'abrite depuis plus de deux mois, je peux entrevoir un arbuste sec et épineux dont la branche principale dessine une croix. On dirait le Christ aux cheveux « en bataille » de la salle Nervi au

Vatican. Derrière le siège où est assis le Pape pendant les audiences et les catéchèses du mercredi, on voit le ressuscité qui sort d'un entrelacement de branches, de racines et de roches. C'est un mélange de croix et de résurrection.

L'arbuste épineux qui se tient devant moi me fait penser au buisson ardent de Moïse dans le désert du Sinaï. La voix entre les épines a rappelé à Moïse les souffrances de son peuple, esclave en Égypte. Par cette expérience particulière, Moïse a découvert un Dieu solidaire et compatissant. Le Dieu biblique compatit, ne reste aucunement indifférent à l'égard de ceux qui souffrent.

La croix est le symbole chrétien par excellence, parole silencieuse du Christ qui donne la vie par amour et vainc le mal par le pardon. Regarder le crucifix est mon unique consolation. Dans cette vallée de larmes, son image est l'unique parole de sens qui me soutient dans la solitude.

Face au mystère de la souffrance il n'y a rien à dire, ni explications ni paroles d'encouragement. Rien n'exprime plus la compassion envers un malade souffrant et moribond que de lui tenir la main serrée en silence. Ce silence est plus expressif que toute parole de consolation[3].

Je repense au moment où j'ai visité la cellule du père Maximilien Kolbe à Auschwitz. J'ai noté, parmi les graffitis gravés par les prisonniers sur les murs, une petite croix. La croix d'Auschwitz, la croix du Golgotha, la croix de ce buisson… toutes les croix se ressemblent.

---

[3] Comme le fit Marie au Calvaire au pied de la croix de son fils : *Stabat Mater*.

Je me suis moi aussi taillé une croix que je cache dans une poche de mon sac à dos. Deux morceaux de bois que j'ai polis avec un couteau et que je garde bien séparés. Je ne la montre à personne, même pas à mes compagnons de captivité. Je me propose de la garder comme souvenir de cette expérience; un jour peut-être je pourrai même la porter au cou.

Combien de fois ai-je laissé échapper ces mots : « Seigneur, qu'est-ce que j'ai fait de mal pour mériter cette souffrance et cette captivité ? » Je me plains de mon cœur en peine, mais qui croit que le bien semé meurt pour ressusciter. Les ténèbres de la violence ne prévaudront pas. La résurrection est la lumière de la foi chrétienne.

Je ne renie rien de ma vie donnée à l'Évangile et à l'Afrique. J'attends seulement que l'Alléluia pascal me réveille à la lumière de la libération. Pendant ce temps, je contemple ce rameau sec et épineux dans lequel la croix du ressuscité attend l'éclosion des germes d'une liberté renouvelée.

C'est mon calvaire, le lieu où je vais chaque jour prier et égrainer mon chapelet quotidien. Je regarde la croix et j'écoute en silence : aucune voix ne s'élève de ce buisson agité par le vent, je ne doute pas que mon cri silencieux soit accueilli par le cœur compatissant du Père qui veut que ses enfants soient pleinement des hommes libres.

### *Lumière au fond du tunnel*

Procédons par ordre. Le 5 février 2020 au matin, nous recevons des visites : Azur et Abou Naser arrivent ensemble en voiture. Je devine qu'il y a du nouveau. Dans le *bougui*, il y a Nicola et moi, Luca est ailleurs. Après les politesses rituelles, il nous annonce que le départ est très proche, « d'ici une semaine maximum ». La négociation est conclue, il reste à préciser le lieu où nous serons conduits puis remis au médiateur qui nous prendra en charge.

Il ajoute en outre qu'Édith aussi sera libérée avec nous, en tant que « femme » de Luca. Il nous annonce qu'il ira « récupérer » Édith pour la conduire aujourd'hui même à notre emplacement. Avant midi, Luca est invité à prendre place en voiture et part avec Abou Naser et un garde armé vers le nord.

Dans l'après-midi arrive un autre *moudjahidin* qui nous apporte de nouveaux vêtements à revêtir le jour de la libération : tunique et pantalon bleu, turban gris et nouvelles babouches. C'est un signe évident que tout se finalise en vue du départ tant espéré.

Mais ce n'est pas tout. Dans l'après-midi, Azur vient s'asseoir avec Nicola et moi pour m'inviter à mieux connaître l'islam, une fois de retour en Italie, pour en apprécier pleinement le message. Il souhaite que je puisse accueillir sa religion et ainsi avoir accès au paradis. Il souligne avec sincérité que c'est son plus grand désir, de me voir au paradis !

Puis il ajoute qu'il veut avoir le cœur en paix et me demande pardon pour toutes les paroles et gestes offensifs que lui et d'autres membres des différents groupes ont eus à mon égard. Me voyant surpris, il invite Nicola à traduire en italien (de l'arabe) sa demande de pardon. Je le remercie et lui tends la main en signe de paix et d'acceptation. Je lui offre aussi un paquet de dattes que je comptais faire durer jusqu'à la fin du mois.

Au coucher du soleil, je remercie Dieu pour cette journée et pour tout ce que j'ai reçu en don. Je contemple avec plus d'intensité la lumière qui se colore à l'horizon. Aujourd'hui, il y a une lueur d'espérance au fond du tunnel. Je suis du regard le coucher de soleil et conclus ma prière en élevant le ton comme d'habitude : « Merci, Seigneur, et espérons que demain soit le bon jour ! »

Sur la tapette à mouches suspendue près de mon grabat est écrit le numéro 17. J'ai été enlevé le 17 septembre et j'en suis maintenant au 17ᵉ mois de captivité. Et, à ce qu'il paraît, tout finira d'ici peu, *Inch'Allah* ! Si Dieu veut…

La nuit est reposante parce que mes pieds sont libérés et que je peux les remuer à volonté. Il est minuit quand revient la voiture d'Abou Naser. Voici qu'apparaissent Luca et Édith, fatigués par le voyage, mais souriants. Nous nous saluons et nous échangeons nos premières impressions, heureux qu'elle aille bien, même si elle est restée totalement seule ces six derniers mois. Puis nos geôliers obligent Luca et elle à s'éloigner. Ils vont aussitôt dormir sous un autre arbre peu distant du mien et de Nicola.

Le matin, je fais vite un grand ménage du superflu pour limiter mon bagage à l'essentiel en vue du départ. Je réduis les réserves de biscuits et de dattes en les partageant avec les *moudjahidin*.

J'écoute les nouvelles grâce à la petite radio qui m'a été prêtée par Abou Naser la veille. La nouveauté du jour est la procédure d'*impeachment* contre le président des USA, Donald Trump. On évoque en outre des déplacements de population à l'intérieur du Burkina Faso, au nord de Kaya. On parle de plusieurs dizaines de milliers de personnes fuyant les djihadistes qui se sont livrés à des attaques et ont tué notamment des maîtres d'écoles publiques. J'entends aussi qu'au Mozambique il y a des incidents liés au terrorisme djihadiste.

Une oreille écoute la radio, l'autre guette le moindre bruit de voiture qui pourrait venir nous chercher. Espérons que tout arrive comme annoncé. Mais la lumière est déjà entrée dans mon cœur.

### *De nouveaux germes*

Lors de mes promenades, pour me dégourdir les jambes, j'ai noté que la croix entre les épines avait germé. Je pensais que c'était un rameau sec, mais de petites feuilles vertes ont poussé, signe supplémentaire d'espérance. L'oreille est toujours aux aguets et l'attente reste vigilante. Je prie la Vierge de Lourdes, dont on fait mémoire ces jours, pour qu'elle veille sur notre libération.

Le 12 février marque la fin de la semaine qui devait être la dernière en tant que prisonniers. Les sept jours annoncés sont passés, mais nous sommes encore là. Nous entendons même des drones aux alentours. Par radio arrive l'information qu'il faut changer d'endroit. Peu après, voici qu'apparaît Azur qui nous « embarque » sur son pick-up. Nous démontons la cabane et après 16 h nous partons nous abriter dans un autre *wadi* au nord-est, à environ une demi-heure de voiture. Nous passons la nuit sous les étoiles et le lendemain nous patientons toute la journée. Nous repartons au coucher du soleil.

À notre surprise, on nous conduit à l'arbre où Nicola Chiacchio a passé plusieurs mois de captivité et près duquel nous avons déjà été auparavant.

Azur nous informe que nous resterons là jusqu'à notre départ. Un problème a certainement affecté le programme, même si nos gardiens soutiennent qu'il s'agit d'un simple retard de 4 ou 5 jours qui ne compromet rien. Le voyage se fera, disent-ils. Vrai ou faux ? On attend !

Une faible et fragile espérance m'habite. Azur nous ravitaille avec une charge de mille litres d'eau et continue à affirmer qu'il n'y a pas de problèmes. Le soir, il m'invite à prendre le thé avec le groupe des *moudjahidin* pour bavarder de tout et de rien. Le groupe ne laisse transparaître aucune préoccupation ou nervosité. Tout semble sous contrôle.

De mon côté je continue mon chemin intérieur de recherche. Le dimanche, je médite les béatitudes de l'évangile de Matthieu 5, 1-12 : « Heureux êtes-vous quand ils vous insulteront, vous persécuteront et, en mentant, diront toute sorte de mal contre vous à cause de moi. Réjouissez-vous et exultez, parce que votre récompense dans les cieux sera grande. »

Je trouve choquant ce contraste entre béatitudes et persécutions, mais c'est justement dans ces quelques lignes que j'entrevois l'indice d'une signification. Peut-être qu'un possible sens à cette souffrance d'otage se trouve dans cette affirmation scandaleuse qui unit béatitude et persécution. Celle-ci, du reste, est la promesse de l'Évangile à tout missionnaire. Avec la vocation de missionnaire j'ai reçu le centuple « en frères, sœurs, mères et biens » comme il est dit dans Marc 10, 29-30, mais ensuite il y a cet ajout « ainsi qu'en persécution ». Je devine que c'est une possible clé de lecture de ma vocation de missionnaire : il m'est maintenant donné d'en « goûter » la seconde partie.

Je suis comme Job, tourmenté dans mon cœur et affligé par les malheurs. Je suis dans un piège, attaqué sur deux fronts : il y a d'une part ceux qui m'ont séquestré et voudraient me convertir à un Dieu qui juge et punit. De l'autre, il y a mes compagnons de captivité qui, comme les amis de Job, remettent en question ma vision de la vie et de la foi.

Ainsi, entre le marteau et l'enclume, je suis la cible de nombreuses harangues. Je reste cependant fidèle bien que j'aie moi aussi de quoi interroger mon Dieu qui se tait et qui se cache dans le silence. Je m'obstine à croire que le bien vaincra ou que, de toute façon, la violence et le mal n'auront pas le dessus. Je suis au beau milieu de la tourmente et la question de la souffrance innocente m'interpelle. Comme Job, je crie du fond de moi... « c'est contre Dieu que je veux protester » (Jb 13, 3).

## 6.

## NE QUITTEZ PAS !

À présent, deux semaines sont passées depuis l'espoir suscité le 5 février. Cette lumière entrevue semble avoir été absorbée par les ténèbres. Aucun bruit de voiture ne déchire le silence de l'attente. Les jours se ressemblent, monotones et ennuyeux. Ils nous disent de garder nos nouveaux habits pour nous habiller proprement le jour du départ. Ils ont fait venir Édith et ont mis de côté les chaînes. Tout laisse à penser que la fin est désormais imminente. Mais on attend encore.

Cette nuit, j'ai rêvé que j'embrassais ma mère. Elle s'est réveillée du sommeil de la mort à la nouvelle que j'étais de retour et nous nous sommes serrés dans les bras. Entre des hauts et des bas, je cherche à rester positif, mais il est évident qu'il y a eu un problème. Il semble que le secrétariat téléphonique du Sahara ait été bloqué et qu'il continue à répéter à l'infini : « Ne quittez pas, s'il vous plaît, ne quittez pas ! »

L'arrivée d'Abou Naser nous donne une explication. Il nous rend visite le mardi 25 février. Naturellement, la responsabilité revient entièrement au médiateur de la partie adverse italienne. « C'est sa faute ! », dit-il. Il a d'abord déplacé le rendez-vous de trois jours, puis d'une semaine et maintenant à la fin du mois. Nous attendons le 29 février pour vérifier ses paroles. Mais il a aussitôt ajouté que si cette dernière date n'était pas respectée, le médiateur serait considéré comme un intermédiaire non fiable et donc écarté.

Des nuages noirs s'amoncellent dans mon cœur. L'espérance est suspendue à un fil. Pendant sept longs jours c'est comme si j'entendais un écho répéter : « Ne quittez pas s'il vous plaît. Ne quittez pas, s'il vous plaît... ». Enfin, le 3 mars, Abou Naser nous transmet le verdict décourageant : tout est à recommencer ! Ce qui se profile est maintenant un long renvoi et même, l'interruption des négociations. Nous espérions que l'heure de notre départ avait enfin sonné, et au contraire... L'intermédiaire a été désavoué comme *persona non grata*. Les délais nécessaires pour son remplacement et pour la reprise des négociations risquent de se prolonger.

Parmi nous, otages, c'est le désarroi et la déception, mêlés à la lassitude. Le moment est grave. Je lève les yeux au ciel. Je n'ai rien et je ne suis rien, j'ai seulement Dieu. Désormais, l'heure de Dieu est venue ! Telle est ma prière.

La route de l'exode semble se heurter à une mer impossible à traverser. Si mes calculs sont exacts, le carême a commencé il y a quelques jours. Un chemin tout en montée vers le calvaire. Et, au sommet, la croix, synonyme de défaite, qui a obscurci l'espérance des disciples.

Je suis comme un enfant sevré dans les bras de sa mère (Psaume 131). Beaucoup d'œuvres d'art chrétien représentent Marie accueillant en son sein le cadavre de son fils descendu de la croix. La Pietà porte imprimés sur son visage le supplice et la douleur d'une mère. Elle aussi, sans comprendre, s'est abandonnée à la volonté de Dieu, confiante en celui qui surprend les plans des puissants et élève les humbles. J'adresse ma prière à la mère des douleurs. Je m'en remets à ses mains de mère experte en souffrance et capable de dénouer patiemment les nœuds compliqués. Le chapelet est la seule prière qui rythme mes journées de confiance et d'effort.

Au fond de moi, j'entends les paroles de ma mère, Maddalena, qui ne cessait de répéter à ses enfants : « Soyez toujours unis au Seigneur et à la Vierge Marie, ils sauront vous aider. » Des paroles qui ont pour moi la valeur d'un testament. Son souvenir me réconforte et je repense au rêve que j'ai fait il y a quelques jours, où je l'ai embrassée. Le 10 mars prochain sera le quatrième anniversaire de sa mort.

Dans la nuit limpide, je trouve du réconfort parmi les étoiles. La voie lactée est majestueuse. Notre journée agitée se conclut par ce spectacle de sérénité. Un canon de Taizé me revient à l'esprit : *Nada te turbe, nada te espante... solo Dios basta.* Je le murmure au plus profond de ma foi nue.

### *Le raz-de-marée*

Je ne suis pas un nageur expérimenté et je ne me risque pas à jouer avec les vagues en haute mer. J'ai écouté des amis raconter la panique qu'ils ont éprouvée quand ils se sont retrouvés dans le raz-de-marée de l'océan. Ils se sont sentis emmenés au large par le courant et ont eu beaucoup de mal à revenir. On conseille de se laisser porter par la vague et surtout, de ne pas lutter contre, pour ne pas dépenser d'énergie et perdre son souffle, nécessaire ensuite pour surfer sur la bonne vague.

Cela peut sembler étrange de parler d'océan dans ce désert, mais j'ai été comme emporté par une mauvaise vague. L'attente s'est révélée malheureusement bien plus longue et nous, otages, nous avons été renvoyés en haute mer. Tout est à refaire. Nous commençons par une autre vidéo, et même deux.

Le 3 mars, ils nous déplacent de quelques kilomètres, dans un autre *wadi*. Nous, les hommes, nous nous asseyons sur une natte, et en plein soleil nous déclinons nos noms et la date du 29 février pour la première vidéo. Tout de suite après, une seconde en date du 3 mars. Même procédé pour Édith : une double vidéo, mais sur une natte à part et seule.

Aucun commentaire, ni explication, sinon qu'il y a en scène un nouveau médiateur et qu'il a demandé un enregistrement. Le soir, Azur nous rend visite et nous précise que le nouveau médiateur est une personne connue et appréciée des *moudjahidin*. Ils ont déjà négocié avec lui la libération d'autres otages depuis l'époque du président français François Hollande. Pour eux, c'est une bonne nouvelle, contrairement à nous qui voyons partir en fumée un départ que nous croyions imminent. Nous sommes des naufragés sur un radeau en haute mer, qui risque de sombrer.

Après la nuit agitée de pensées et de découragement, nous sommes, le matin, confirmés dans nos craintes. Azur nous dit qu'aucune date n'est décidée, qu'ils attendent la suite des événements. Il reprend les nouveaux habits prévus pour le voyage et nous ordonne de remettre nos chaussures à nos geôliers chaque nuit, par mesure de précaution. J'espère seulement que la négociation ne repartira pas de zéro et qu'arrivera bientôt la bonne vague qui nous ramènera enfin à la rive.

*Serviteur inutile*

Ils nous apportent une autre charge d'eau, un cube de mille litres plein à ras bord. Tout laisse à penser que, pendant au moins 15 jours, il ne se produira rien et que nous ne serons pas déplacés. Les jours défilent monotones et toujours identiques : ramasser le bois, préparer le feu pour la nourriture et enfourner le pain. Je fais quelques pas le matin et au coucher du soleil quand il ne fait pas trop chaud. Même les échanges entre nous trois sont désormais rares : les hypothèses, les désirs et les espoirs, nous les avons déjà partagés. Un grand silence envahit les longues heures des jours inactifs que nous vivons.

Le dynamisme qui caractérisait ma journée de missionnaire n'est plus qu'un lointain souvenir. Je vis l'expérience du serviteur inutile. Seule ma prière perdure comme exercice du cœur car je crois que la mission continue de toute façon et se trouve en de bonnes mains. La mission avec un « m » majuscule s'appelle *Missio Dei*. Nous, petits missionnaires, nous œuvrons pour une mission minuscule et nous ne sommes que l'épiphénomène d'un projet divin qui nous précède et nous dépasse. Je comprends mieux maintenant le sens contemplatif des missionnaires et la valeur missionnaire des contemplatifs. Ce lien est explicite chez sainte Thérèse de Lisieux, moniale de clôture et patronne des missions pour son cœur universel.

Mes journées sont vides de toute activité, mais dépouillées également de la Parole de Dieu à lire et à prêcher ; ce n'est pas pour autant que j'ai échoué dans ma mission. Je continue à être un Évangile vivant et un cœur missionnaire qui « respire » la prière. Le chapelet me rapproche des simples et des habitués de l'Ave Maria. Ma mère est l'un d'entre eux, missionnaire au plus profond de son cœur. Je suis un serviteur inutile au sens évangélique du terme, je n'ai fait que mon devoir de serviteur. La mission ne m'appartient pas. Je continue à la servir en permettant que mon cœur soit une porte ouverte à la venue de Dieu et à son règne de paix, d'amour et de miséricorde pour tous les hommes. Je prie et j'espère pour que son règne vienne aussi pour ceux qui ne savent pas ce qu'ils nous font, à nous otages, et qui nous gardent détenus dans cette région aride de l'Afrique.

Ma façon d'être missionnaire a changé, mais je continue à donner ma vie pour qu'elle serve à la *Missio Dei*. Je suis un homme faible et à la vie brève, un homme limité et minuscule qui vit dans le fragment. Je m'abandonne à toi, Dieu. Je suis simplement ton serviteur, Seigneur.

### *Des chaînes encore plus lourdes*

Même si ce n'est pas la haute mer, nous enfonçons. Une nuit entière s'est écoulée (jeudi 12 mars 2020). Le matin, je me lève aux bruits de voix et d'une moto qui accélère. Je demande à Nicola ce qui se passe : « Ça recommence ! » me répond-il. Je ne comprends pas tout de suite.

Luca et Édith ont fui dans la nuit sans rien dire et surtout sans laisser de traces. Journée agitée et nerveuse. Je n'ai jamais été aussi mal, impatient et anxieux. Nicola se tait; je m'agite à pétrir le pain, à allumer le feu, à cuisiner le repas que je mange en début d'après-midi. Je prie le chemin de croix et le temps stagne. Silence jusqu'au soir. Nous sommes seuls avec un *moudjahidin* de garde jusqu'au coucher du soleil.

Peu après arrive Azur à moto suivi par Abou Naser en voiture avec quatre *moudjahidin*. Ils interrogent Nicola, coupable selon eux de savoir où ils ont fui. Mais la vérité est qu'Abou Naser a commis l'erreur d'emmener Luca avec lui pour aller chercher Édith. Pendant le trajet, Luca a repéré où passait la grande route parcourue par plusieurs camions. Le lendemain, ils reprennent les recherches sans succès. Vers une heure et demie ils reviennent à la base, et nous invitent à tout rassembler en hâte. Nous partons immédiatement. Ils nous conduisent au sud pour nous cacher entre d'énormes rochers. Nous sommes exposés au vent et à la chaleur. Nicolas est immédiatement enchaîné. Moi seulement d'un pied car un boulon a été perdu.

Nous passons le dimanche 15 mars à analyser les avantages et les inconvénients de cette situation. Cela fait trois nuits maintenant que les fugitifs ont disparu. Ils ont certainement accumulé un bel avantage, mais seront-ils parvenus quelque part ? En soirée arrive une voiture avec un chargement d'eau et le boulon manquant. Je passe la nuit avec les deux pieds enchaînés, tellement serrés que je ne peux pas faire un pas. Je prie, je pleure et je renouvelle mon cri : « Mon Dieu, pourquoi m'as-tu abandonné ? »

Je me réveille à l'aube et vais péniblement aux toilettes, enchaîné et résigné à rester « aux liens » toute la journée comme Nicola. Mais à peine suis-je revenu à mon grabat qu'ils m'enlèvent les chaînes. Merci Seigneur ! Je ramasse du bois et allume le feu pour le petit-déjeuner, puis prépare un pain avec le reste des braises. Nous attendons.

Nous avons sombré dans l'abîme. Nous ne savons rien des deux fugitifs et encore moins ce qui va suivre. Qui sait si la négociation n'a pas été suspendue. Les scénarios les plus noirs habitent mon cœur. C'est autre chose que la lumière au fond du tunnel ! Je vis la journée la plus funeste de cette année et demie de séquestration. Demain ce sera le 17 mars ; 18 mois de cette triste et pénible affaire.

Le mois de février dernier, nous pensions être sur le point de franchir la porte de sortie. Maintenant, tout part à vau-l'eau. Nous nous éloignons toujours plus de la conclusion espérée. Nous avons perdu la tranquillité, les petits privilèges, une certaine liberté de mouvement et surtout, l'espoir d'en finir avec cette histoire absurde. Et de surcroît, aucune nouvelle de nos compagnons. Où sont Luca et Édith ?

Nicola imagine qu'ils sont hors de danger et prêts à faire un éclat médiatique en notre faveur. Je suis plus dubitatif, mais je leur souhaite bonne chance. Comme cadeau pour mon dix-huitième mois de disparu, ils m'ont enchaîné toute la journée. Il y a beaucoup de vent dans la gorge où nous nous sommes cachés à l'abri du soleil, qui tape fort aux heures centrales de la journée. Le final de cette histoire n'a pas encore été écrit. Espérons que notre arrêt dans cet endroit inhospitalier ne s'éternise pas. Je regrette les « oignons d'Égypte[1] » quand j'étais à l'ombre d'un arbre fourni et frais, quand l'eau potable était conservée dans un cube de plastique propre, quand je pouvais faire de petites promenades et surtout, quand je n'avais pas de chaînes aux pieds.

[1] Expression qui rappelle les lamentations d'Israël contre Moïse (Nombres 11, 5).

Au-dessus de ma tête, il y a une énorme masse de pierre encastrée entre deux rochers. Elle semble prête à tomber sur moi. Je suis assis exactement sous son ombre qui me protège du soleil. C'est l'emblème de ma situation actuelle. Cette histoire menace de m'écraser d'un moment à l'autre.

## *Changement de territoire*

À peine ai-je dit à Nicola : « Qui sait ce que nous réservera ce mardi ? », que j'entends le bruit d'une voiture à l'approche. Abou Naser et Azur nous rejoignent. Les trois *moudjahidin* qui nous ont surveillés ce mois cessent rapidement la garde et partent sur deux motos. Azur nous libère de nos chaînes et nous sommes invités à faire nos bagages. Nous changeons de territoire, dit Abou Naser.

Pendant le voyage vers l'inconnu, nous réussissons à faire parler le conducteur qui sort enfin de son silence. Nous apprenons que, jusqu'à maintenant, trois médiateurs se sont proposés pour notre négociation : un Malien, un Libyen et un Nigérien. Le second était celui qui aurait dû clore la négociation en février dernier, mais il ne s'est pas présenté au rendez-vous.

Maintenant – dit-il – il a bon espoir avec le nouveau médiateur nigérien. Celui-ci a déjà demandé une nouvelle vidéo que nous ferons aujourd'hui même au terme du voyage. De Luca et de sa compagne, il continue à dire qu'ils ont disparu. Il préfère plutôt nous parler de ceux qui ont été libérés ces dernières années : le Français Serge Lazarevic, qui a été leur otage de 2011 à 2014, et quatre autres Français enlevés à Arlit au Niger. Ces derniers travaillaient à la compagnie d'extraction de l'uranium et ont été leurs prisonniers de 2010 à 2013.

Le voyage se poursuit en direction de l'est pendant deux heures puis vers le nord-est pendant encore une heure. Au milieu de la matinée, nous croisons un pick-up tombé en panne. Ils nous font signe de nous arrêter, mais notre véhicule accélère, s'écarte de sa trajectoire et poursuit sa course. Après avoir contourné quelques petites dunes de sable, nous faisons un bref arrêt puis nous avançons à petite vitesse. Nous sommes enfin déchargés en plein soleil. Abou Naser prend une couverture de la voiture et nous invite à nous éloigner de quelques mètres. Il met sur ses épaules sa *kalachnikov* et s'assied sur le sable. Azur prend le volant et part vers un probable rendez-vous. Nous patientons une heure.

Il revient enfin avec un autre *moudjahidin* et peu après, arrive un autre pick-up. Abou Naser s'est écarté avec le nouveau venu, vêtu d'un ensemble de couleur amarante comme le sien. Ils parlent à voix basse, tandis qu'Azur nous demande de charger nos bagages dans la seconde voiture et nous annonce que sa mission avec nous est terminée. Pendant ce temps, Abou Naser dispose une toile en arrière-plan pour l'enregistrement d'une nouvelle vidéo qu'il remettra au médiateur. Il y a beaucoup de vent. Il m'ordonne de retirer mon turban, décliner mon identité et dire la date du jour : 24 mars 2020. Avant de nous saluer, il nous assure qu'il reviendra quand il aura des nouvelles à nous transmettre. Abou Naser reprend le volant, tandis qu'Azur s'installe à côté. La voiture fait un rapide demi-tour et disparaît dans un nuage de poussière.

Nous sommes pris en charge par deux nouveaux surveillants ; plus loin, nous nous arrêtons à l'écart derrière une dune pour manger quelque chose : pain, sardines et dattes. Un peu plus tard, une autre voiture nous rejoint, qui apporte de la nourriture et de la viande rôtie à la nouvelle équipe. Le chef vêtu d'amarante vient vers Nicola et moi pour prendre la liste de ce que nous souhaitons avoir dans notre garde-manger et repart avec son accompagnateur.

Trois *moudjahidin* sont en charge de notre surveillance et pendant 51 kilomètres nous suivons la direction est-nord-est. L'horloge de la voiture attire mon attention : elle est en avance d'une heure sur l'heure du Mali. Nous en parlons avec Nicola et j'imagine que nous pourrions nous trouver au Niger ou en Algérie, ou tout au moins près de ces frontières. Nous passons la nuit cachés dans un grand *wadi* au milieu d'arbres épineux. Je bois du thé et mange des biscuits qui me sont offerts par le nouveau groupe. Ils semblent gentils, restent à distance et ne nous importunent pas ; ils s'assurent seulement que nous allons bien. Peu de communication. Nous sommes chaque matin libérés de nos chaînes, à l'aube.

Nous espérons qu'il y aura rapidement des avancées. Abou Naser avait insinué que le nouveau médiateur avait promis d'envoyer des hommes pour l'échange dès qu'il aurait reçu la vidéo. Que voulait-il dire exactement ? La fuite de Luca a peut-être accéléré les choses ? Si nous sommes au Niger et que le nouveau médiateur est nigérien, on peut supposer que nous sommes en route vers la fin de ce cauchemar. Je conserve dans le cœur ces sources d'espoir. Le retour à la maison aurait-il commencé ?

Avec Nicola, nous nous interrogeons. Nous sommes convaincus qu'ils ne nous ont pas dit la vérité sur Luca. Peut-être a-t-il été repris, blessé, puni. Espérons pour lui et pour Édith qu'ils aient réussi à se mettre en sécurité. Pendant ce temps nous attendons. S'ils nous apportent dans quelques jours un grand réservoir d'eau et une réserve de nourriture, cela signifiera que nous nous installons, sinon, que nous changerons encore d'endroit. Ici nous sommes au milieu de nulle part, avec seulement l'infini autour de nous. Je voudrais tant que la prochaine fête de Pâques coïncide avec notre libération !

Mardi 31 mars le bruit d'une voiture nous surprend. Il y a trois hommes à bord. C'est le nouveau groupe qui prend la relève de la première équipe, après une semaine exactement. Ils nous donnent un bidon d'eau, un carton de dattes et une trentaine d'oignons. Ils nous assurent que le ravitaillement que nous avons demandé sera livré d'ici trois jours. À de brefs échanges, nous nous apercevons qu'ils ne savent rien de nous et de nos vicissitudes. Ils ont l'ordre de nous surveiller et c'est tout. J'apprends un nouveau mot arabe : *fissa*. D'après le contexte, il doit vouloir dire « rapidement ». C'est par cette expression qu'ils répondent à ma préoccupation de savoir quand arrivera notre voyage de libération, mais je ne me fais pas d'illusion. Ce sont des façons de parler, comme les autres mots que j'ai désormais enregistrés : *karib, mazal, sabr* qui signifient *bientôt, pas encore, patience.*

Avec le premier avril commence un nouveau mois de captivité. Le sujet qui revient le plus et sur lequel ils insistent est le coronavirus qui fait beaucoup de morts en Europe et en Afrique du Nord, tandis qu'au

Burkina Faso, au Mali et au Niger il est présent, mais sous une forme mineure.

Mon espace de silence est rempli de pensées et de souvenirs qui vont aux candidats pour le baptême. Les jours qui précèdent la nuit de Pâques, la semaine sainte, sont consacrés à la retraite de préparation. Le rendez-vous de la nuit de Pâques marque un tournant important dans la vie spirituelle et personnelle des catéchumènes. Je vis ces jours en communion de prière avec les communautés chrétiennes de Bomoanga. J'offre ma souffrance pour leur fidélité et la mienne.

Ici, il y a chaque jour un *moudjahidin* plus fervent qui m'incite à professer le *credo* islamique. Ce matin encore, jeudi saint, vers neuf heures du matin, le chef du groupe est venu s'assurer que nous allions bien. Après les politesses rituelles, il n'a pas perdu de temps à argumenter pour me convaincre de la bonté de l'islam et à insister pour que je répète avec lui la formule du *credo* musulman. Comme réponse il n'a reçu que du silence. Devant son insistance, je lui ai dit en français que ce qui m'intéressait, c'était de faire le bien aujourd'hui et toujours. Quand je serai devant Dieu, je serai jugé par lui, je me soumettrai à sa volonté et j'accepterai sa sentence même si ça doit être l'enfer. Quand enfin il s'en va, j'écris ces notes et je réfléchis.

Aujourd'hui, nous, prêtres, nous renouvelons nos promesses sacerdotales devant l'évêque diocésain. C'est ce que je fais, moi aussi, d'une façon différente mais identique en substance. Je renouvelle ma fidélité au Christ et à l'Évangile, je professe ma foi et mon engagement à l'annoncer avec la vie. Je redis mon « Me voici ! » que signifient les promesses sacerdotales et avec elles, je m'en remets de nouveau à Dieu comme prêtre-missionnaire. Le contexte dans lequel je me trouve me permet de comprendre en profondeur ce radical : « Oui, je le veux », qui inclut la possibilité que ma vie s'achève de façon imprévue *in odium fidei*.

Aujourd'hui dimanche, je redis les paroles consécratoires que, comme prêtre depuis 35 ans, je répète sur le pain et sur le vin au cours de la célébration de la messe. Le silence du désert m'a apporté en cadeau une profondeur nouvelle sur la vie et sur la mission de prêtre. Je la définirais comme le regard du cœur. Depuis désormais dix-neuf mois, je jeûne d'Eucharistie, mais je continue à célébrer la messe sur l'autel du désert. Le regard tourné vers l'infini de sable, ma messe, c'est simplement m'arrêter sur une page de l'Évangile, élargir la prière universelle et redire les paroles de la consécration : « Ceci est mon corps offert. Ceci est mon cœur brisé. Je n'ai rien d'autre à t'offrir, Seigneur. » Je termine par le Notre Père et ma bénédiction de paix et de fraternité universelle sur le monde et sur l'Afrique.

Les hirondelles volent dans le ciel, jouent et font du surplace contre le vent. Il est toujours beau de les contempler et d'admirer leur habileté dans ces exercices. Je ne sais si elles iront jusqu'en Europe ou si elles migreront près d'ici, vers le nord de l'Afrique. Je les regarde et elles augmentent en moi le désir de liberté et de voler haut dans le ciel.

Je renouvelle mon « Oui » à revêtir le tablier de service pour le lavement des pieds. Je suis et serai toujours un prêtre missionnaire qui respecte et apprécie les différences et désire dialoguer avec tous, un homme en chemin avec cette humanité en recherche de paix et de fraternité. Tel est mon « Me voici ! »

Le triduum pascal dans ce cadre de vide existentiel est assez nu et cru. La prière de mon pauvre chemin de croix me fait sentir dans le corps et dans le cœur combien la croix est rugueuse et lourde. Le silence du samedi saint, et particulièrement celui de la nuit pascale, est sombre et baigné de larmes. Les souvenirs des veillées pascales africaines, joyeuses et dansantes, intensifient encore le sentiment de vide et de silence qui m'habite. Je pense à la joie des nouveaux baptisés qui déborde des fonts baptismaux, tandis que je suis ici, étendu sur une natte au pied d'un arbre épineux dans un désert silencieux et infini. Seules les étoiles et la pleine lune brillent dans une obscurité surtout intérieure.

Le matin de Pâques, je pense aux communautés chrétiennes qui ont célébré, chanté, dansé et fêté l'*alléluia.* À peine ai-je fini ma prière qu'un bruit de voiture se fait entendre. Un chef touareg bien habillé, vêtu de bleu clair jusqu'au turban, nous rend visite et nous apporte des fruits, des légumes et des biscuits. C'est le cadeau de Pâques. Je me fais une soupe de légumes pour unique repas et je termine par un biscuit sucré. Un petit « clin d'œil » de Dieu pour fêter le jour le plus saint de l'année.

Les quelques mots échangés avec le visiteur ne nous ont dévoilé aucune nouveauté. L'épidémie du coronavirus est sujet de conversation international. La pandémie continue à faire des victimes dont le nombre ne cesse d'augmenter chaque jour. Rien n'est dévoilé sur notre sort ni sur le temps qu'il durera encore. Il répète le refrain habituel farci des mots arabes *fissa* et *sabr*. Ils espèrent sans doute maintenir en moi l'espoir que l'attente ne sera peut-être pas si longue.

Je lui demande si dans deux semaines, à l'occasion du début du mois de ramadan, nous serons transférés dans un autre lieu un peu plus ombragé, mais il me répond par un laconique : « Allah seul le sait ! » Comme d'habitude, le nom de Dieu est pris comme bouclier et comme solution à tout problème. Ainsi se déroulent les secondes Pâques d'un missionnaire démis de toute fonction et d'annonce de fête.

Nouveauté de lundi de Pâques : ils nous font changer d'arbre. L'excuse qu'ils avancent est que nous sommes trop exposés au regard d'un éventuel bédouin de passage. Nous devinons qu'il s'agit d'un ordre du chef habillé en bleu clair d'hier. Il a dû leur dire que les toiles qui nous protègent du soleil sont trop visibles de loin. Ainsi sommes-nous invités à bivouaquer sous un arbre dont les *moudjahidin* ont eux-mêmes enlevé les rameaux et les épines. Je prends désormais chaque jour comme il vient, dans l'espoir d'une fin prochaine de l'histoire.

### *En rêvant de liberté*

Les températures sont de plus en plus élevées, prémices de la grande chaleur typique des mois d'avril et de mai. À l'ombre de l'arbre épineux qui sert de refuge, j'ai installé au-dessus de ma tête des couvertures, des vieux sacs et des nattes pour améliorer la surface d'ombre. Les heures défilent lentement et dans mon esprit mes pensées tournent en rond. C'est un enchevêtrement de mots, d'analyses, de craintes et de désirs qui se mélangent et s'emmêlent. Je crains que notre situation ne se soit encore compliquée, raison pour laquelle nous avons été mis aux oubliettes. Je commence à imaginer que nous ne serons libérés qu'à la fin de la guerre, quand un accord sera signé et que l'on fera un échange de prisonniers.

Cela ne poserait aucun problème à nos ravisseurs de nous garder pendant des années encore. Si nous ne valons pas une rançon, nous sommes tout de même bons pour les soldes de fin de saison. La perspective que j'entrevois est que notre captivité se prolonge pendant de longues années. D'autres otages vivent cette absurde précarité de journées toujours identiques depuis longtemps. Il nous faut croire en une occasion favorable de nous en aller avec nos jambes. La chaleur a augmenté, la nourriture est toujours la même et chaque jour, nous attendons notre « Godot » avec son sac d'oignons, un peu de légumes et peut-être des fruits.

Pendant ce temps, je me consacre à l'étude de l'arabe, ce qui ne me déplaît pas. Avec l'aide de Nicola, j'apprends l'alphabet et à écrire les noms que j'identifie dans le Coran. On ne voit aucun dromadaire traverser ces horizons et on n'entend aucun cri d'animaux sauvages dans le lointain. La seule présence de vie est assurée par les oiseaux, en particulier les hirondelles qui nous rendent visite le matin et au coucher du soleil.

Hier, j'ai rangé mon sac à dos et essayé d'en réduire le poids au minimum, en vue d'une éventuelle fuite à pied. Mais pour aller où ? Refaire les 51 km en sens inverse pour espérer retrouver la grande piste par laquelle nous sommes venus ? Aller au sud d'où proviennent, de temps en temps, des bruits de moteurs au loin ?

Hier, un avion de ligne est passé au-dessus de nos têtes, à 14h40. Il pourrait s'agir d'un vol Air France en provenance de Paris et en direction de Niamey. L'heure d'atterrissage est toujours 15h25 et la vitesse de croisière d'un airbus est habituellement entre 800 et 900 km/heure. On pourrait donc supposer que nous nous trouvons sur l'axe reliant Tamanrasset en Algérie à Niamey au Niger, à une distance de l'aéroport d'environ 750 km.

Au-delà de ces calculs qui entretiennent notre esprit, la vue d'avions réveille en moi l'ardent désir d'Icare. Mais l'enchantement du rêveur ne dure que quelques instants. Le réalisme de la force de gravité me ramène à terre. Je continue à respecter mon programme : résister et attendre une occasion pour m'en aller. Il est sûrement vrai que la patience est la vertu des forts, mais je sens en moi une grande fatigue et une faiblesse physique dans les jambes. Je doute de mes forces pour une marche vers l'inconnu.

La nouvelle lune du vendredi 24 avril marque le début du mois du ramadan et la voiture de la relève est très ponctuelle. Ils sont chargés des courses : fruits et légumes, bouteilles d'eau, dentifrice, Nescafé et même une boîte de trente œufs. L'ex-chef d'équipe, en prenant congé de nous, nous exhorte à tenir bon, à l'aide des deux mots arabes que désormais j'ai retenus : *fissa* et *sabr*.

C'est ainsi que, le lendemain, le ramadan commence aussi pour Nicola. De mon côté, je fais mémoire de la Libération de l'Italie. Le riche garde-manger me permet de préparer une bonne soupe de légumes et un plat de poivrons avec tomates et carottes. Le petit-déjeuner du jour suivant est à base de pain et d'omelette.

Le nouveau chef d'équipe est une vieille connaissance. Il semble presque content de nous retrouver. Il nous informe sur l'évolution du coronavirus qu'il dit être en régression en Europe et avance l'hypothèse de notre libération après le mois de ramadan.

### *Tolérance zéro*

La semaine est sous le signe du vent et de la chaleur. Nous avons l'impression d'être continuellement exposés à un énorme sèche-cheveux. L'ombre de la nuit atténue la chaleur et c'est seulement sur le matin que l'on ressent un peu de fraîcheur. C'est une vie éprouvante aussi pour les petits oiseaux qui ont fait de notre refuge leur demeure stable. Ils s'installent dans les coins les plus frais, se perchent sur nos têtes, sur nos épaules et même sur nos bras, sans crainte. Ils se laissent prendre et conduire aux abreuvoirs que nous avons mis à leur disposition. En échange, nous recevons sérénité bucolique et protection. Ces petits oiseaux sont en effet d'habiles chasseurs des moucherons et des mouches qui folâtrent péniblement autour de nous. Je me protège avec mon turban et me réfugie souvent sous la moustiquaire. Nicola s'est fait une capuche avec le filet de la moustiquaire, pour se protéger le visage, le nez et les oreilles de ces hôtes importuns.

Nos gardiens ne s'occupent pas de nous pendant la journée. Ils restent terrés à l'ombre de leur arbre épineux et dorment. En faisant ainsi, ils réduisent au minimum tout gaspillage de forces et d'énergie pendant les heures chaudes où ils ne prennent ni eau ni nourriture, pour observer strictement le ramadan. C'est seulement vers le coucher du soleil qu'on entend des bruits de casserole qui annoncent la fin du jeûne quotidien.

De mon côté, j'ai encore renforcé mon abri avec des habits et des couvertures pour avoir une ombre plus homogène. Les quelques sorties de l'abri pour les besoins physiologiques sont une véritable immersion dans un four qui décourage tout désir de fuite. Marcher sous ce soleil de plomb, en profitant des heures du jour quand je suis libéré de mes chaînes, serait pure folie. Je ne sais même pas où je me trouve et je ne saurais vraiment pas vers quelle direction m'orienter. D'ailleurs, les idées les plus noires viennent ternir mon espérance et il m'arrive de penser que les pourparlers se sont interrompus pour je ne sais quelle raison. Je crains que le gouvernement italien n'ait adopté la stratégie de la tolérance zéro : aucune concession ni dialogue avec les terroristes qui séquestrent des civils pour financer leur folle guerre par des rançons. Cette éventualité pourrait signifier pour moi une perspective de captivité *sine die*.

C'est comme un défi d'escrime : entre celui qui enfonce le coup pour blesser et celui qui recule pour l'éviter, nous sommes au milieu d'une négociation qui ressemble à un ballet de fleurets. Du reste, on sait que le marché des séquestrés ne se décourage que si on ne paye aucune rançon. Ainsi, tandis que le duel progresse, entre des moments d'étude et d'impasse, nous, otages, nous payons le prix de mois, et peut-être d'années, sacrifiés à la folie des uns (les *moudjahidin*) et à la retenue des autres (le gouvernement italien). Je me souviens d'un proverbe africain : « Quand les éléphants se combattent, c'est toujours l'herbe qui est écrasée. » Pour les *moudjahidin*, nous sommes coupables d'être Italiens et donc, ennemis. Pour les

Italiens nous sommes coupables de ne pas être restés chez nous, nous sommes des inconscients à l'origine de notre propre malheur. En réalité, nous ne sommes rien d'autre que d'innocentes victimes. J'admets personnellement être coupable de croire que la paix ne se construit ni par les armes, ni par les conflits, mais seulement par le dialogue et la diplomatie de la rencontre et de l'écoute.

## *Silence fécond*

Un nouveau-né reste normalement deux ans en silence (à partir de sa conception) avant de proférer une parole compréhensible par ses proches. Neuf mois dans le sein de sa mère et une année de vagissements, pleurs, cris et sourires avant de dire « maman et papa ». C'est dans le silence qu'il apprend la communication verbale, il ne comprend pas tout et les autres ne le comprennent pas.

J'aurai 59 ans d'ici quelques jours et j'entrerai dans ma soixantième année de vie. C'est-à-dire dans la troisième et dernière partie de mon parcours, connu comme troisième âge. Une période que je ne connais pas et je ne sais quel type de mission on me confiera. Pendant les trente dernières années, j'ai annoncé la Parole de Dieu en Afrique et en Italie, et j'ignore ce qui m'attend à présent.

Ce que je sais, c'est que ces vingt mois de captivité ont été denses de silence, de pleurs, de cris et de gémissements intérieurs incompréhensibles pour moi-même et mon entourage. Soustrait à toute communication avec le monde environnant depuis presque deux ans, je vis le temps et l'espace de la non-parole et j'écoute le silence de Dieu. Plusieurs fois, je l'ai prié et lui ai demandé de m'envoyer un signe, une parole, un indice qui soit un signal : « Parle, Seigneur, ton serviteur écoute. Fais-moi comprendre quel sens a tout ceci. Que veux-tu, que me demandes-tu ? » Pour seule réponse, le silence.

Le Verbe qui s'est fait chair aurait-il perdu la parole ? Dieu m'inviterait-il à le suivre dans la tombe du samedi saint, pour écouter la brise légère que le prophète Élie n'entendit sur l'Horeb (1 Rois 19, 11-13) qu'après un vent violent et un tremblement de terre ?

Silence pour re-naître. Silence pour ré-apprendre à parler. Silence pour faire taire mes vaines paroles. J'ai beaucoup parlé d'une mission belle, charitable, positive, faite de promotion humaine, de baptêmes et de croissance des communautés chrétiennes. D'abord à Bondoukou, puis à Bouna et récemment à Bomoanga. Je l'ai toujours évoquée avec enthousiasme et un orgueil complaisant. Péché véniel de présomption d'un missionnaire satisfait d'avoir joué son rôle dans l'affirmation du *kairos*, du moment favorable de Dieu, d'une humanité fraternelle et solidaire.

Le silence m'a remis à ma place de serviteur inutile. Le silence m'a fait tendre l'oreille vers cette Afrique obscure qui lutte pour se libérer du néo-colonialisme. Le Dieu silencieux m'a mis à l'écoute du monde musulman, de son Livre Sacré et des nombreuses contradictions avec lesquelles il est interprété par de zélés djihadistes.

Le silence a aussi poli mon caractère difficile et têtu. Le silence a enrichi de nuances ma vision en noir et blanc d'une réalité humaine qui est toujours complexe et multicolore. Je renaîtrai du silence pour proférer une parole que j'espère de sagesse... *Inch'Allah*.

Ce silence est rompu par l'arrivée, dimanche 10 mai, d'une voiture avec deux personnes à bord. Elles apportent un sac de charbon, de la nourriture et de nouveaux gardiens. Pour ne pas jeter les légumes qui ont souffert de la chaleur pendant le trajet, je fais aussitôt bouillir les poivrons, les carottes et la purée de tomates. Après le coucher du soleil, le chauffeur qui a repris le service nous rend visite. Il nous explique qu'il restera pendant deux semaines, soit jusqu'à la fin du ramadan. Il ne nous délivre aucune nouvelle des négociations et se contente d'un hâtif *karib*. Espérons qu'après le ramadan la situation se débloquera.

### *En éclaireur*

Les journées de mai sont chaudes et humides. Quelques gouttes de pluie sont tombées dans la nuit. Je bois beaucoup de thé et mange peu, n'ayant pas d'appétit. J'ai hâte de sortir de cette situation. L'air est suffoquant quand il n'y a pas de vent. Pour varier le menu, je me suis préparé un bon pain que je mangerai à midi avec la petite boîte de sardines. Pour le soir, je prévois une soupe de carottes, des petits pois et du riz.

J'assaisonne mes plats d'attente et de résilience. La fin du ramadan, prévue le 23 mai, fait grandir l'espoir que cette date marque aussi la fin de ma captivité.

Après avoir étudié le comportement des gardiens, je décide d'oser une sortie d'exploration au-delà du périmètre de liberté conditionnée qu'ils m'ont accordé. C'est ainsi que le dimanche 17 mai, tout de suite après avoir été libéré des chaînes de la nuit, je m'aventure à parcourir une longue distance vers le nord pour voir s'il y a une piste dans les parages. Il y a deux soirs, j'ai aperçu des phares de voiture éclairer la nuit en direction du nord. Je m'éloigne du campement pendant plus d'une demi-heure de marche, mais je ne vois ni traces ni piste. À l'horizon, toujours le même décor de roches et de sable, à perte de vue. En marchant sur les pierres le plus possible, pour ne pas laisser de traces, je rentre en changeant de parcours. La prudence me conseille de ne pas risquer de perdre le minimum de confiance et d'autonomie dont je jouis pendant le jour. Mieux vaut ne pas éveiller les soupçons de nos gardiens qui dorment comme des bienheureux jusqu'à midi, en ce mois de ramadan.

Les journées sont de plus en plus chaudes et venteuses. Nous sommes à cet endroit depuis deux mois. La visite d'Abou Naser se fait attendre. Il avait promis qu'il serait de retour s'il y avait du nouveau. Entretemps, je fête mon second anniversaire comme prisonnier. Je fais mémoire de personnes et d'événements qui ont marqué ces 59 ans de vie. Un merci au Dieu de la vie, à mes chers parents, à ma famille et aux nombreuses personnes qui ont marqué ma croissance humaine, spirituelle et missionnaire.

En ce jour particulier pour moi, il y a une surprise. Vers midi arrivent deux pick-up. La seconde voiture est celle d'Abou Naser. Peut-être y a-t-il a du nouveau ! Il reste une heure à parler avec nous. Hélas, il ne nous apporte pas le message tant attendu. Pour compenser notre déception, il nous informe que la jeune femme italienne, enlevée au Kenya par des « collègues » somaliens d'*Al-Shabaab*, Silvia Romano, a été libérée il y a une semaine. Sa séquestration aura duré un an et demi.

Il continue d'affirmer que Luca et Édith n'ont pas été retrouvés, mais nous n'en sommes pas convaincus. Il conclut sa visite par la promesse qu'il reviendra dans un mois et nous assure qu'il ne sait rien de l'avancement des négociations. C'est l'affaire de deux ou trois chefs et lui n'est qu'un exécutant, il ne connaît ni les délais ni les contenus de ces négociations. Avant de s'en aller, il nous offre une petite radio pour écouter les nouvelles quotidiennes, dans les limites suivantes : une heure le matin, une heure à midi et une heure le soir.

Avec Nicola, nous revenons sur les paroles de notre visiteur pour les analyser et en percevoir tous les sous-entendus. Cette visite suscite en nous plusieurs questions : pourquoi Abou Naser a-t-il fait tous ces kilomètres s'il n'avait pas de nouvelles importantes à nous apporter ? Qu'est-ce qui l'a poussé à accepter que nous ayons une radio pour écouter les informations, ainsi que nous l'avions demandé ? Pourquoi est-il venu précisément aujourd'hui, c'est-à-dire trois jours avant la fin du ramadan ? Qu'y a-t-il de si urgent en perspective qui ne puisse attendre la fin de ce mois sacré pour l'Islam ?

Je devine que quelque chose se prépare. D'ailleurs Abou Naser était détendu, souriant et tranquille face à nos questions qui exprimaient notre perplexité sur ses propos. Très probablement, il nous cache des informations ou du moins, ne nous a pas dit toute la vérité. En somme, je soupçonne que bientôt, peut-être d'ici un mois, il y aura des avancées dans notre histoire. Pourquoi, entre autres, nous a-t-il annoncé la libération de l'humanitaire italienne qui avait été enlevée ? Que voulait-il nous laisser entendre ? Que ce sera bientôt notre tour ?

Nous accueillons cette visite aux contours mal définis comme de bon augure. La petite radio est toutefois un cadeau qui ouvre notre horizon sur l'actualité. J'espérais sincèrement un autre cadeau, mais il faut savoir se réjouir de peu.

Le soir, je prie l'Esprit Paraclet pour qu'il continue à défendre ma cause comme avocat dans le procès où je suis accusé en tant que victime innocente.

7.

# APRÈS LE RAMADAN

Hier soir l'information est arrivée qu'« ailleurs », ils ont vu la nouvelle lune. Ici, il n'y a eu qu'une grande brume pendant toute la journée. Ils ont néanmoins fêté la fin du jeûne. Le ramadan s'achève et les *moudjahidin* disent que c'est le moment opportun pour la fin de notre « jeûne de liberté ». *Karib*, bientôt.

Aujourd'hui c'est le 25 mai, et nous attendons avec espoir qu'un évènement se produise ces jours-ci. Il y aura bien sûr la relève de l'équipe et le ravitaillement de nourriture. La porte de l'espoir est ouverte à la possibilité qu'une bonne nouvelle se faufile. Deux mois ont passé depuis la réalisation de la dernière vidéo, et nous supposons que les différents médiateurs reprendront leur travail de négociation après avoir fêté l'*Aid al Fitr*, qui signifie littéralement la fête de l'interruption (du jeûne).

J'entends à la radio, que je peux écouter chaque jour, que le confinement des personnes et les restrictions imposées contre le coronavirus sont progressivement levés, et que l'on va vers un retour à la quasi-normalité. Les programmes de Radio France Internationale (RFI), BBC Afrique et Radio Vatican me permettent de sentir que je fais partie du monde. Les vingt-et-un mois de confinement vécus comme citoyen du silence sont un poids que je ne souhaite à personne. Par les informations, j'apprends que le Mali se prépare aux élections présidentielles et qu'il doit faire face à la séquestration du chef de l'opposition Soumeila Cissé, enlevé il y a deux mois près de Tombouctou, avec ses onze accompagnateurs, puis relâché. Le président malien Ibrahim Bubacar Keita a lancé par radio un appel pour sa libération à l'occasion de la fête musulmane de l'*Aid al Fitr*.

Tous les vendredis, RFI mentionne notre compatriote Sophie Pétronin, séquestrée au Mali depuis plus de trois ans. J'entends aussi l'appel de Jocelyne pour la libération de son mari de plus de quatre-vingts ans, Arthur Kenneth Elliott, australien et otage d'Al-Qaïda depuis plus de 5 ans. Je compatis à cette souffrance, mais sincèrement, je doute que la clémence et la miséricorde puissent émouvoir ces *moudjahidin*, même après le mois de pénitence et de purification du ramadan. Je nourris la crainte que la phase pré-électorale dans laquelle est entré le Mali soit plutôt un temps d'immobilisme sur le front des négociations pour nous, otages occidentaux. Tant que le nouveau président ne sera pas élu, il sera difficile pour nos pays d'avoir comme interlocuteur l'autorité de l'État. On promet beaucoup pendant la campagne électorale et on évite les sujets gênants. L'un de ceux-ci est la présence militaire française, venue en support de l'État pour assurer l'intégrité territoriale menacée par la sécession touareg et combattre le terrorisme djihadiste. Il faudra attendre le nouveau président pour comprendre quelle politique sera fixée par le Mali et ses alliés du G5 et *in primis*, la France. Le scénario que j'entrevois est coloré de teintes sombres. Plusieurs mois passeront avant que l'on évoque l'insécurité dans le nord du Mali et la libération de prisonniers. Il faut espérer que la Farnesina[1] puisse entreprendre une négociation directe avec l'approbation des autorités locales, occupées par la période électorale. Je continue à prier pour qu'après le ramadan musulman et la Pentecôte chrétienne quelqu'un, là-haut, se souvienne de nous et vienne à notre secours.

## *Je partirai*

Depuis six jours, la radio qu'Abou Naser nous a donnée nous tient compagnie et nous informe. La limite des trois heures par jour n'a jamais été respectée. Depuis hier, l'équipe de gardiens a changé, et les nouveaux venus ne nous la retirent plus le soir. Ce matin, avant cinq heures, je l'ai allumée et suis tombé sur une fréquence très perturbée qui passait la chanson d'Andrea Bocelli « Je partirai ». J'ai souri intérieurement et l'ai accueillie comme un signe d'encouragement. J'avoue que ces derniers temps mon moral est bas et que la fatigue physique et psychique accumulée se fait sentir. J'ai plusieurs fois demandé au bon Dieu d'avoir pitié de moi et de mettre un terme à mon angoisse. Le ramadan est fini depuis peu, et chaque jour, j'espère que c'est celui qui nous apportera la nouvelle de notre libération. « Je partirai » est le mot qui ouvre cette journée. Les nouvelles de la pandémie semblent plus rassurantes et le championnat de foot se conclura avec les derniers matchs de ligue 1 suspendus en mars.

Le coronavirus a probablement eu un impact négatif sur les délais de notre libération. Le trafic aérien a été perturbé et sans doute aussi les déplacements

[1] Nom de l'édifice par lequel on identifie le Ministère des affaires étrangères italien.

des médiateurs qui ont dû s'en tenir aux mesures de confinement anti-covid. Les rendez-vous programmés ont peut-être été annulés, mais bientôt, la situation redeviendra normale, même si, d'ici là, beaucoup de choses auront changé, moi le premier.

Le soir, j'écoute Radio Vatican et j'apprends avec surprise que le pape François a reçu le cardinal président de la Congrégation des saints et signé l'acte qui reconnaît comme vénérable l'évêque fondateur de la SMA, Monseigneur Melchior de Marion Brésillac.

La journée s'est ouverte avec la chanson « Je partirai » et se referme avec une autre bonne nouvelle. Dans ma prière quotidienne, je ne manque jamais d'évoquer ce grand serviteur de la mission, dont je suis le fils spirituel. Les quatre résolutions que le jeune missionnaire Melchior de Brésillac avait écrites dans son journal, alors qu'il partait pour sa première mission en Inde me reviennent en mémoire : être missionnaire du fond du cœur ; ne rien négliger pour faire progresser l'œuvre de Dieu ; saisir toutes les occasions pour annoncer la Parole de Dieu ; employer tous les moyens, toutes ses forces, tout son zèle pour contribuer à la formation du clergé local.

J'ai toujours admiré sa passion de missionnaire et d'apôtre entièrement consacré à l'annonce de l'Évangile. Sa vie de témoin s'est terminée à seulement 46 ans en Sierra Leone, à un peu plus d'un mois après son arrivée en Afrique. Sa mort, ainsi que celle des premiers missionnaires SMA, fauchés par la malaria et la fièvre jaune, ont été des semences qui ont fait croître de nombreuses communautés chrétiennes en Afrique. Ce projet, un peu fou, d'aller en Afrique « en apôtre » dans la seconde moitié du XIXe siècle, s'est traduit par une défaite missionnaire. Mais Dieu a transformé les croix plantées sur leurs tombes en naissance de nouvelles églises. La mission appartient à Dieu. Moi non plus, je ne comprends pas tous les contours de l'histoire que je vis, mais j'ai confiance en lui qui sait transformer les situations négatives à nos yeux en nouvelles opportunités de vie.

### *Pentecôte*

Il m'est doux, en ce jour de fin mai, de me rappeler la fête patronale de Bomoanga. Ma pensée voyage vers cette mission où j'ai passé 11 années de vie et d'activité missionnaire. Je tenais à ce que la Pentecôte soit le rendez-vous conclusif de l'année pastorale. Toutes les communautés de l'immense paroisse étaient invitées à venir à Bomoanga dès la veille. Le samedi après-midi, le conseil pastoral se réunissait pour un moment d'échange et de relecture du parcours effectué ensemble pendant l'année. Le soir suivait une veillée de prière et d'action de grâces. Le dimanche matin enfin, avait lieu la messe, suivie du repas communautaire et des danses, qui complétaient notre célébration. C'était l'occasion de faire le bilan des activités pastorales, de remercier Dieu pour le bien accompli et de stimuler la communauté à avancer ensemble. La fête patronale était toujours un grand rendez-vous, pour lequel on préparait avec soin la liturgie, le repas et les danses. Un moment important pour une jeune communauté, non exempte de difficultés et de contradictions, mais grandissante par le nombre de fidèles intégrant l'Évangile à leur culture.

J'aime Bomoanga et j'en suis fier comme un père. J'ai vu croître cette communauté en âge et en grâce. J'ai toujours dit que ma mission s'arrêterait à l'arrivée du premier prêtre natif de la communauté, et trois jeunes sont proches de cet objectif. Ils fréquentent le grand séminaire et, dans trois ou quatre ans, ils achèveront leur temps de formation. L'église de briques a été construite et inaugurée en janvier 2017 et dans chaque village, il y a une petite chapelle qui permet aux fidèles de se rassembler pour la catéchèse et la prière dominicale. Tout a été bouleversé la nuit du 17 septembre 2018. Ou mieux, ce que j'avais prévu a été renversé. Je crois en même temps que Dieu sait écrire droit avec des lignes courbes. Je me soumets à lui. Aujourd'hui est un jour de souvenirs et de fête.

J'allume la radio et j'écoute comme chaque matin les nouvelles de RFI. Une fois le journal terminé, je recherche d'autres fréquences. Et je tombe avec étonnement sur la voix du pape François. Je tends l'oreille, j'entends mieux et me retrouve au début de la messe de la Pentecôte transmise par Radio Vatican. C'est une journée de soleil et de vent. Je suis au milieu du désert et tout à coup, je me retrouve dans la basilique saint Pierre, immergé dans les chants grégoriens. Depuis 21 mois je ne célèbre pas la messe, mais aujourd'hui je suis à Rome et simultanément en mission en Afrique. J'écoute avec émotion le passage de l'évangile de Jean (ch. 20, verset 21) qui me rappelle la parole/mot d'ordre de mon ordination : « Comme le Père m'a envoyé, moi aussi je vous envoie, recevez l'Esprit Saint. » Coïncidence ?

L'homélie du Pape est une bouffée d'oxygène spirituel qui m'emplit les poumons. Je bois ses paroles comme de l'eau fraîche qui me désaltère de deux années de sécheresse. J'enregistre chacune de ses paroles : les ennemis de l'Esprit sont le narcissisme, le victimisme et le pessimisme. Il décrit les trois « isme » à l'aide de trois images : le miroir, les plaintes et l'obscurité noire. L'Esprit au contraire donne la vie et une espérance nouvelle. Je me sens renaître et j'accueille ce don comme un baume. Merci Esprit Saint d'avoir bien voulu étendre les ondes de la radio jusqu'à moi dans ce Sahara.

Mais la transmission s'interrompt soudainement au chant de l'*Agnus Dei*. Les conditions climatiques ont le dessus sur ce moment de sérénité et de paix. Un contretemps qui m'empêche de recevoir la bénédiction papale. Je communie spirituellement et me réserve pour le journal du soir et les nouvelles sur l'Afrique. Un nouveau mois va commencer, espérons que la semaine qui débute sera porteuse d'autres bonnes nouvelles.

Pendant ce temps, les températures sont en constante augmentation et mettent à dure épreuve ma résistance. Nicola se met torse nu et cherche à réduire la température de son corps en mettant les pieds dans une bassine d'eau et en maintenant sur sa tête un chiffon mouillé. J'allume quant à moi mon climatiseur personnel : je bois beaucoup de thé et m'humidifie régulièrement le visage avec un chiffon imbibé d'eau. L'augmentation de l'humidité dans l'air annonce l'arrivée de la saison des pluies, ce qui m'inquiète. De plus en plus de nuages de passage se forment dans le ciel. De temps en temps, il y a des rafales de vent, de jour comme de nuit, qui font craindre une averse orageuse. Le climat devient plus lourd. Le turban est très utile aux heures de la mi-journée pour ne pas avoir le visage exposé au soleil et à la poussière que soulève le vent. Chaque jour est pénitence et patience.

Les équipes de gardiens continuent à se relayer régulièrement tous les quinze jours et la lune rythme la succession des mois, mais aucune nouvelle, à l'exception de ce que nous réussissons à capter à la radio. La mauvaise qualité de notre petit poste a montré ses limites structurelles. L'antenne s'est d'abord cassée, puis la molette du volume a sauté, et d'autres morceaux ne tiennent plus qu'avec un élastique. Nous ne captons plus que quelques fréquences sur des ondes courtes, et nous nous limitons aux journaux d'information moins audibles qu'auparavant.

Le contexte climatique est pesant et le dialogue avec Nicola fonctionne par intermittence : nous ne savons plus quoi nous dire. Notre unique distraction est de cuisiner les choses habituelles et d'écouter les informations, matin, midi et soir. Ma prière fidèle du chapelet, le matin et l'après-midi, rythme le début et la fin d'un autre jour.

### *Les peurs du missionnaire*

Les jours et les semaines s'écoulent sous une chape de chaleur et sans perspective. Vingt-et-un mois depuis mon enlèvement. Chaque jour est une lente agonie. La nuit, je dors mal avec les chaînes aux pieds, et de jour, la chaleur humide me donne mal à la tête, si bien qu'aujourd'hui j'ai pris un paracétamol. Hier, ils nous ont ravitaillés de mille litres d'eau ; cela signifie que nous en aurons pour dix ou douze jours. L'attente est anxiogène, mes forces physiques diminuent et mon souffle devient de plus en plus court. Marcher le matin et le soir me demande même un grand effort de volonté. Unique note positive : depuis deux jours, je réussis à ouvrir les chaînes avec une clé « fait main » et cela me permet de mieux dormir. Je me ré-enchaîne avant l'aube, quand passe le contrôle pour récupérer boulons et chaînes.

Côté météo, je note que le jour du solstice d'été, à l'aube, j'ai vu une éclipse partielle de soleil dans la zone basse du disque solaire rouge, que j'ai enregistrée à 6h10. J'ai ainsi un brelan : j'ai eu l'occasion de contempler la lune rousse le 2 décembre 2018, l'éclipse partielle de lune la nuit du 16 juillet 2019 et maintenant, l'éclipse partielle de soleil le 21 juin 2020. Macrocosme et microcosme dialoguent, dit-on, mais il m'est sincèrement difficile de relier ces signes et ceux que j'enregistre en moi. Je me retrouve de plus en plus affaibli physiquement, j'ai maigri et je sens que je n'ai plus de force ni de souffle. J'ai perdu la tonicité musculaire des bras et des jambes et j'ai la peau flasque, entre autres par manque d'une bonne hydratation.

L'après-midi arrivent les provisions habituelles de nourriture ainsi qu'une toile de nylon noire, utile pour nous protéger nous et nos affaires en cas de pluie. Avant le coucher du soleil, j'écoute Radio Vatican qui propose une synthèse du message du Pape à l'Angélus. Il souligne l'exhortation de Jésus à ses apôtres à ne pas avoir peur. Tout messager, dit le Pape, peut se retrouver dans trois situations concrètes génératrices de peur. Tout d'abord, devant l'hostilité de ceux qui voudraient étouffer la Parole de Dieu : le missionnaire peut avoir peur de parler ouvertement et être tenté de diluer ou d'édulcorer l'Évangile. Il y a ensuite la peur des persécutions et d'être tué. Et enfin, la peur de se sentir abandonné et oublié de Dieu.

Écouter ces paroles dans ce contexte de captivité prend une tout autre saveur. Je suis quotidiennement invité à renier ma foi et à me convertir à l'islam. C'est une torture psychologique, mais je m'y fais. J'ai eu peur d'être tué le jour de l'enlèvement et aujourd'hui encore, cette éventualité reste ouverte. Plus le temps passe et plus j'espère que cela n'arrivera pas, mais on ne sait jamais. Ce qui m'angoisse le plus est la peur d'être oublié de Dieu. C'est avec Dieu que je me bats le plus : « Pourquoi m'as-tu abandonné ? » C'est précisément cette peur qui me tourmente le plus. C'est pourquoi je prie tous les jours : pour ne pas laisser Dieu s'éloigner de moi. Je me mets en colère contre lui, je lui demande instamment de me parler et de ne pas m'oublier, moi, son serviteur. Merci, pape François, de tes paroles qui me redonnent confiance et espérance.

Le dimanche suivant, 28 juin, je me branche sur Radio Mali. Je tombe sur une émission catholique qui propose un commentaire de l'Évangile du jour. Je savoure ce moment et les paroles que j'écoute : « Celui qui ne prend pas sa croix et qui ne me suit pas n'est pas digne de moi. » Cela m'interpelle, me nourrit, suscite en moi des réflexions et me fait recevoir avec une nouvelle profondeur le message évangélique.

### *Une vidéo par mois*

Tandis que le mois de juin arrive péniblement à son terme, surprise avec l'arrivée d'une voiture et l'annonce que demain, nous levons le camp et partons. Personne ne sait nous dire ni où ni pourquoi. J'effectue mes tâches matinales avec plus de rapidité que d'habitude. L'essentiel est rangé et mis dans les sacs. J'ai aussi brûlé les vieux vêtements sales et en lambeaux que j'utilisais comme chiffons à usage multiple. L'attente se prolonge jusqu'à 10h00 puis on nous fait monter dans une Land Cruiser à vitres opaques barbouillées de boue. On me bande les yeux et on m'enchaîne le pied droit au bras droit. Même traitement pour Nicola qui s'assied à côté de moi. Nous avançons lentement pendant deux heures, en alternant montées et descentes de dunes de sable. Enfin, on nous fait asseoir au pied d'un arbre épineux et solitaire. On se croirait sur un atoll de sable. Nous sommes exposés au vent, comme d'habitude, et inquiets, car nous ne savons pas ce que le sort nous réserve.

L'équipe étend des toiles et des couvertures pour nous abriter, tandis que deux autres pick-up Toyota sont chargés d'eau en quantité : deux cubes de mille litres chacun, signe que nous resterons longtemps à cet endroit. Le chef de cette opération de transfert nous explique que le changement de *wadi* était nécessaire parce que le précédent était trop fréquenté par les voitures, motos, chameaux, pasteurs et de surcroît, facilement inondable en cas de pluie.

Le mois de juillet a commencé sous le signe du vent. Nous nous adaptons à notre nouvel habitat et nous nous défendons comme nous le pouvons contre le vent joueur qui hier nous a entièrement aspergés de sable. Nicola a réussi à faire fonctionner la radio avec le petit panneau solaire de la lampe-torche, en alternative aux piles défaillantes. Nous réussissons ainsi à capter des nouvelles quand le soleil brille, le matin après neuf heures, l'après-midi vers une heure et avant le coucher du soleil. Le reste est silence et attente.

Autre surprise soudain le 6 juillet. Avant 10h00, une voiture vient nous chercher et nous emmène à deux heures de voyage, au-delà des dunes et à travers de larges espaces vers un rendez-vous indéterminé. Un homme qui parle couramment le français nous explique qu'il fera une vidéo. Il espère que d'ici peu nous serons libérés. Il avance même une perspective d'attente d'une dizaine de jours environ. Après la vidéo, nous retournons rapidement à la base d'où nous étions partis. Cet épisode rallume en nous l'espérance. Peut-être sommes-nous arrivés à la vidéo fatidique de fin de négociation. Attendons encore dix jours et nous saurons. Mais pour ne pas me faire surprendre, je décide de me préparer un mini-sac de voyage avec l'essentiel à emporter, dont mes notes.

La radio est maintenant coupée en deux et fixée avec des élastiques sur un support de plastique, mais avec les précautions nécessaires et des astuces, je réussis à la faire fonctionner. Durant cette période d'attente, nous devons aussi affronter une tempête de sable nocturne qui recouvre tout de poussière : yeux, cheveux, couvertures.

Notre espoir d'une issue proche est confirmé par la visite d'une vieille connaissance, le *moudjahidin* qui nous avait gardés précédemment et qui nous assure que dans quatre ou cinq jours tout sera fini. Nous comptons les jours et espérons. Chaque soir, je marche pieds nus sur le sable de la dune et la nuit, étendu sur ma natte, je m'endors en regardant les étoiles. Deux fois, la pluie nous a mouillés et le vent, qui la précède avec de violentes rafales, nous a aspergés de sable. Mais tout devient supportable avec la perspective de la liberté.

Le 21 juillet, nouvelle relève. Le nouveau responsable est cette fois un chef d'un niveau plus élevé. Il nous assure qu'Abou Naser viendra vite nous chercher. Plus les jours passent et plus grandit notre impatience et celle du chef d'équipe qui se montre lui aussi étonné du retard. Il continue cependant à nous affirmer que nous partirons bientôt d'ici parce que nos problèmes sont finis. Le 28 juillet, suite à une énième menace de pluie en pleine nuit, nous décidons de déménager à toute vitesse. Je laisse plusieurs affaires dans mon refuge, dont la moustiquaire, mais surtout, la compagnie d'une maman hérisson qui, la veille, a donné naissance à deux « bébés hérissons » roses derrière les cartons qui servent de parois à ma tanière.

Le 30 juillet, nous sommes transférés dans la « vallée des fourmis ». C'est là que nous frôle le majestueux et effrayant mur noir et rouge, sombre de pluie, de vent et de sable. Il avance, lent et imposant, illuminé par des éclairs et des coups de tonnerre, et engloutit vent et sable comme s'il se chargeait pour ensuite déverser sur nous toute sa colère. La première fois, il nous effleure, et nous sommes seulement « caressés » par le coup de queue. La seconde fois, quelques jours plus tard, il nous heurte de plein fouet. Avant de reprendre des forces sous ma toile cirée, bien recroquevillé sur la couverture enroulée avec art (je suis devenu un expert !), je contemple l'avancée solennelle de sa majesté le mur de pluie. Nicola s'exclame : « Ça valait la peine d'arriver jusque-là pour voir un tel spectacle ! » Après le passage de la bombe d'eau, nous rangeons nos affaires. Tout a été mis sens dessus dessous et le lendemain, j'étale mes affaires au soleil pour les sécher.

Dimanche 9 août, Abou Naser réapparaît. J'écoute d'une oreille distraite ce qu'il raconte, mais mon cœur ne croit plus à ses promesses. Il enregistre une autre vidéo – la huitième pour moi – mais je doute fortement qu'elle serve à faire avancer la négociation. Je crains qu'elle ne soit utilisée pour célébrer la propagande djihadiste.

Le lundi suivant, je suis profondément attristé par la nouvelle du meurtre de six Français coopérants et de deux Nigériens près du parc de girafes de Kouré au Niger, non loin de la capitale Niamey. C'est RFI qui nous apprend le massacre. Quatre hommes sur deux motos ont éliminé de sang-froid huit personnes puis ont fait disparaître leurs traces à la barbe des drones et des hélicoptères de la force française sur place. Nos gardiens commentent l'évènement en disant qu'ils désapprouvent ce qui est arrivé et pointent du doigt les terroristes de l'État islamique pour le grand Sahara. Ils affirment que cette organisation est présente aussi au Mali, mais qu'elle ne fait absolument pas partie d'Al-Qaïda, et même, qu'ils combattent contre eux pour la sauvegarde du territoire.

Le 18 août, nous sommes surpris par l'annonce d'un coup d'État au Mali. Cela remet à zéro mes fragiles espoirs d'une libération prochaine. C'est un coup dur. De nombreuses questions se déchaînent en moi. Si la dernière vidéo pouvait avoir une chance de débloquer la négociation en notre faveur, cet événement annihile toute hypothèse de conclusion heureuse à court terme. Je suis malade de tristesse et je vis les derniers jours d'août avec un sentiment de vide intérieur dans lequel alternent et se confondent apathie et ataraxie. Tout m'est indifférent. Je suis désormais résigné au énième renvoi *sine die*.

Le 11 septembre est l'occasion d'une autre vidéo. Trois vidéos en trois mois. C'est toujours Abou

Naser qui nous rend visite, et il nous informe que notre libération se fera probablement en compagnie d'autres otages : les femmes et l'homme politique malien. Il ne sait pas quand, mais il soutient qu'il y aura une seule opération de relâchement. J'accueille la nouvelle entre espoirs et doutes, mais dans mon cœur, je prévois que la prochaine fois, je resterai muet devant la caméra en geste de protestation.

### *Deuxième anniversaire*

Le 16 septembre, nous sommes encore déplacés. Retour au *wadi* de buissons et d'arbustes dans lequel nous avions débarqué le 24 mars dernier. Même arbre, même soleil et deuxième année comme otage.

Nos gardes sont renouvelés. L'équinoxe d'automne marque le lent recul du soleil pour laisser plus de place à la nuit. Il y a toujours plus d'obscurité aussi dans mon cœur. Notre petite radio perd un autre morceau et reste muette. Avec obstination, je vérifie les moindres contacts et après des heures de recherche et d'essais, je trouve le défaut et le répare avec un bout de fil de cuivre. Tout est suspendu à un fil.

Les actualités du monde m'informent d'un référendum en Italie pour réduire le nombre de parlementaires. Mais la meilleure nouvelle est que je réussis enfin à me « déchaîner » (c'est-à-dire à ouvrir mes chaînes) quand je veux. J'ai trouvé dans le refuge précédent un morceau de fer qui devait servir de clé à ponceuse, j'ai modifié et limé avec patience six endroits précis du boulon pour le transformer en clé mécanique. C'est ma réponse au changement de vis taraudée qui est intervenu entretemps. Avec la précédente clé, je réussissais à ouvrir, de temps en temps, le boulon n° 14, mais ensuite, ils l'ont remplacé. À présent, l'écrou n° 17, qui depuis des mois m'emprisonne les chevilles, n'est plus invincible. Cette possibilité fait croître en moi l'idée de la « solution Tacchetto », c'est-à-dire de tenter la fuite de nuit dès que l'occasion se présentera. C'est toujours mieux d'avoir un plan B en réserve.

La radio nous informe de la nomination d'un nouveau premier ministre au Mali et de son gouvernement, à large participation militaire et avec la présence de représentants de toutes les forces politiques. Une sorte de gouvernement d'unité nationale avec pour mission la préparation d'élections libres d'ici un an et demi. Le nouveau président, quant à lui, est un ancien général à la retraite. Le mois d'octobre commence, l'oreille attentive aux nouvelles et dans l'attente de ce qui n'arrive jamais. La tradition catholique le célèbre comme le mois missionnaire et du rosaire. Dimanche 4 octobre, j'apprends que le pape François a signé sa nouvelle encyclique sur la tombe de saint François d'Assise, soit le jour de la fête du saint dont il porte le nom. Le document s'intitule *Fratelli tutti*, mais ce qui me touche le plus est l'information que je capte le lundi matin. Le journaliste de RFI annonce qu'une centaine de djihadistes ont été libérés des prisons de Bamako comme monnaie d'échange pour la libération des otages. Ils citent les noms de la française Sophie Pétronin et du malien Soumeila Cissé, chef de l'opposition politique. J'annonce à Nicola la nouvelle que nous réécoutons à tous les bulletins de la journée. « Peut-être que nous en sommes nous aussi ! » dis-je à Nicola. Espérons que cette fois soit la bonne.

*Libération*

Pendant toute la journée du 5 octobre, je guette le bruit d'une voiture qui viendrait nous chercher, mais rien ne se passe. Le jour suivant, une voiture se présente à dix heures précises. Avant même que le conducteur ne descende de la voiture, un *moudjahidin* s'approche de la fenêtre et aussitôt se tourne vers nous en criant, *safar, safar*. Un mot qui n'a pas besoin de traduction parce qu'il rappelle celui très connu en italien aussi de « safari ». Tout de suite, nous nous activons pour tout démonter. Le départ effectif a lieu deux heures plus tard, vers midi. Nous voyageons pendant plusieurs heures à grande vitesse. Nicola et moi avons les yeux soigneusement bandés. Les nombreuses secousses et les tournants soudains me retournent l'estomac. Dès qu'on nous fait descendre, je m'éloigne de quelques pas pour vomir. Mon indisposition passée, je vais saluer Abou Naser que je reconnais au volant de la voiture qui nous attendait. Ils préparent le repas auquel ils m'invitent, mais je refuse parce que j'ai encore l'estomac en bouillie. Je mange du pain sec et sirote un jus de fruits qu'ils m'offrent.

À 15h30, nous reprenons la route avec la voiture d'Abou Naser, tandis que l'autre repart dans la direction opposée. L'allure est plus douce, et surtout, nous n'avons plus les yeux bandés. Nous avons seulement l'obligation de porter le turban qui recouvre visage et barbe. Nous nous arrêtons sur la route en raison d'une crevaison. Ils changent le pneu et nous repartons aussitôt jusqu'au-delà du coucher de soleil. Vers 20 h 30, nous sommes accueillis par d'autres *moudjahidin* qui attendaient cachés dans les buissons. Nous passons la nuit tous ensemble sous les étoiles.

Le lendemain semble une journée de transition. Abou Naser prend une moto et s'éloigne le matin tôt, promettant qu'il reviendra nous chercher. Je ne prépare rien pour le déjeuner, pensant que l'arrêt est une question de quelques heures et craignant, si le voyage reprend, de vomir à nouveau. Mais l'attente se prolonge jusqu'en fin de journée. Entretemps j'écoute RFI qui invite à la prudence et à la retenue. L'opération d'échange serait en cours, mais il faut s'en tenir aux déclarations des autorités officielles qui, pour le moment, se taisent.

La journée passe lentement, des jeunes *moudjahidin* tuent une chèvre et en cuisinent la viande. À la tombée du jour seulement, tandis que les ombres s'étendent, le bruit d'un véhicule qui nous rejoint : un pick-up Toyota rempli d'hommes armés. Je reconnais Abou Naser assis à côté du chauffeur, mais c'est le conducteur qui attire mon attention. À peine descendu de la voiture, il lève les mains au ciel et répète avec une voix forte, en français : « Libération ! Libération ! » Il se dirige d'un pas décidé vers Nicola et moi et répète le même cri, ajoutant, toujours en français : « C'est fini ! C'est fini ! » Je le reconnais, c'est celui qui avait enregistré la vidéo du 6 juillet dernier. Abou Naser nous apporte de nouveaux vêtements, un ensemble bleu à porter le lendemain.

Je continue à préparer le dîner que j'ai à peine commencé : spaghetti aux sardines. Je n'extériorise ni joie ni aucun autre sentiment et j'espère en mon cœur que rien à la dernière minute n'entravera la conclusion de cette étape qui semble décisive. Je me dis en moi-même que les phases de décollage et d'atterrissage sont les plus délicates et les plus risquées. Les accidents d'avion arrivent habituellement à l'un de ces deux moments, une petite erreur humaine ou un imprévu sont toujours possibles.

La nuit est étoilée et je la contemple avec intensité, comme pour saluer une dernière fois et remercier les astres célestes de m'avoir accompagné et soutenu dans les nuits les plus noires. Je fais mémoire en ce 7 octobre de la fête de la Vierge du Rosaire et prie mon chapelet vespéral. N'est-ce qu'une coïncidence qu'ils nous aient annoncé notre libération précisément en ce jour ?

## *Tous frères*

Il y a de l'effervescence dans l'air tôt le matin. Abou Naser vient de se mettre en colère contre Nicola parce qu'il a refusé de revêtir le nouvel habit. Il le gifle et déchire violemment le vieil habit qu'il porte. Puis, il se dirige vers moi qui sirote calmement mon thé et d'un geste de la main bouscule ma tasse qui se renverse à terre. D'un ton irrité, il m'ordonne d'enfiler immédiatement mon nouvel habit. Avec fermeté, il ramasse mon sac d'effets personnels et le renverse en ajoutant que nous partons d'ici peu et que nous ne pouvons emporter qu'une bouteille d'eau.

Quand Abou Naser nous fait monter à bord de sa voiture, personne ne dit mot : deux heures de voyage lent et silencieux. La voiture qui nous précède zigzague à droite à gauche, cherchant à se frayer un chemin sur le terrain aride et rocheux. À la vue de tentes de nomades, il s'écarte de sa trajectoire et nous demande de nous couvrir le visage et la barbe. Aucun commentaire, aucune explication sur l'endroit où nous nous rendons. Nous avançons jusqu'à une clairière. Ils cachent le véhicule près de quelques arbres et buissons et nous font descendre. À peu de distance, stationnent deux autres Toyota pick-up et à l'ombre d'un arbre, un groupe de personnes discute de façon détendue avec un homme qui se tient debout au milieu d'un cercle de *moudjahidin*. J'entrevois, à part, une femme assise sur une natte.

Après avoir été autorisé à m'approcher, je rejoins le groupe. La femme est Sophie Pétronin et je vais discuter avec elle. Je la salue, me présente, et nous commençons aussitôt à parler. L'autre homme qui discute avec les *moudjahidin* est Cissé Soumaila : il semble tenir un *meeting* politique. Malheureusement, il n'y a pas d'autres femmes[2], seule Sophie Pétronin a été récupérée lundi dernier et conduite en ce lieu. Nous sommes donc quatre otages en attente de libération. Vers midi, ils nous ordonnent de remonter en voiture. Nous formons maintenant un convoi de quatre voitures et nous avançons d'un bon rythme. Cette pause a apaisé les tensions de la matinée et Abou Naser accepte de répondre à mes questions. Il m'offre aussi des dattes et des biscuits que j'accepte avec plaisir. Tandis qu'il conduit, il me surprend par une phrase sibylline : « Si vous trouvez Tacchetto, saluez-le de ma part. » Puis il change de discours et me demande si je veux envoyer un message à son second, celui que nous avons baptisé Azur. Je réponds : « Dis-lui merci de ma part et qu'il respecte toujours les anciens. » Il m'assure qu'il le fera. Après un instant de silence je reprends : « J'ai aussi un message pour toi, Abou Naser. » Je le vois surpris et il s'exclame : « Vraiment ? Que veux-tu me dire ? »

---

[2] Béatrice Stockly, missionnaire évangélique suisse, a été tuée, et Sœur Gloria Cecilia Narvaez Argoti est encore entre les mains de ses ravisseurs.

Je respire et lâche dans un souffle : « Que Dieu te donne de comprendre un jour que nous sommes tous frères. »

Il a comme un sursaut et lève les mains du volant : « Non, non! Pour moi, seul le musulman est un frère! » Je m'abstiens de répliquer et garde le silence. Nous arrivons dans un *wadi* où les voitures qui nous précèdent se sont déjà arrêtées et cachées entre les arbustes. Nous descendons nous aussi et ils nous invitent à rejoindre les autres otages et à nous asseoir ensemble sur la même grande natte. Au bout d'une demi-heure, nous entendons des moteurs se rapprocher. C'est un convoi de cinq voitures. Quatre *pick-up* chargés de militaires en uniforme de camouflage tournent et s'éloignent de quelques centaines de mètres. La voiture habitable en revanche se dirige vers nous. Un militaire en uniforme avec chapeau à visière et un civil en habit malien avec turban en descendent. Ils chuchotent avec le chef de l'expédition des *moudjahidin* puis sont accompagnés vers nous. Poignées de main et présentations, photo de groupe finale, puis ils nous demandent de les suivre. Avant de nous éloigner, Abou Naser s'approche de Nicola pour lui serrer la main et s'excuser d'avoir été désagréable le matin, puis il m'offre la même poignée de main. J'accueille son geste et j'ajoute : « Tu étais un peu nerveux ce matin… »

Le convoi militaire se met aussitôt en mouvement. Ma première question au colonel Sawadogo, qui est assis près de moi, concerne Luca Tacchetto. Il m'assure qu'il va bien. En mars dernier, il a pu rentrer en Italie, et sa compagne est retournée au Canada. Je pousse un grand soupir de soulagement. Nous nous dirigeons vers Tessalit, où il y a un aéroport militaire contrôlé par la Minusma. À l'heure de la prière musulmane de l'après-midi, le convoi s'arrête pour l'accomplissement du devoir religieux et le colonel nous tend les nouveaux vêtements qu'il a apportés pour nous. Il nous explique que la tradition au Mali est de ne pas rentrer chez soi avec ses vêtements de captivité. Nous changeons d'habit et de chaussures, nous sommes maintenant tous en tenue blanche.

Avant le coucher du soleil, il y a le temps pour une dernière tempête de sable qui oblige le convoi à s'arrêter. Le sable et l'eau empêchent totalement de voir la route. Le désert a voulu nous gratifier d'un dernier salut. Nous repartons phares allumés car la nuit est déjà tombée et atteignons l'aéroport de Tessalit vers 19 heures. Nous descendons de voiture et on nous fait aussitôt monter dans l'avion déjà prêt à décoller. Un militaire nous remet un masque chirurgical et nous explique comment le mettre de façon correcte. Nous sommes en compagnie de militaires en tenue anti-émeute avec casque et gilet pare-balle. Après le décollage, je me tourne vers Nicola : « Maintenant, c'est vraiment fini ! »

Je suis désormais libre pour un nouveau départ. Être libre est une responsabilité qui m'engage à offrir une parole engendrant liberté et vie. Pendant ma captivité, je n'ai été ni torturé, ni maltraité, chaînes mises à part, mais j'ai reçu des mots comme des gifles qui ont blessé mon cœur. Des paroles-armées naissent les incompréhensions, les ressentiments et de nombreux gestes de violence souvent irréparables. Il faut désarmer la parole pour désarmer les mains violentes. Les paroles blessent, jugent, condamnent et tuent. Pour promouvoir des relations interpersonnelles sous le signe de la paix, « il faut arriver à se désarmer, il faut mener la guerre la plus dure, qui est la guerre contre soi-même », disait Athénagoras (Patriarche de Constantinople de 1948 à 1972). Les bienfaits d'un tel désarmement se contemplent dans le regard et le cœur. Un regard désarmé reconnaît en chaque personne un frère ou une sœur, parce qu'il apprend à les regarder avec des yeux de complicité et de compassion. Un cœur désarmé est accueillant envers tout le monde, il ne met pas d'étiquettes sur les personnes et ne juge point.

Aujourd'hui, je suis libre pour libérer le pardon et éteindre toute violence. Je suis libre pour libérer la parole et dire à tous de ne jamais enchaîner personne.

# ÉPILOGUE

J'ai été accueilli par ma famille qui m'a chaleureusement embrassé. Une première étreinte forte et émue avec ma sœur Clementina et mon beau-frère Daniele. Une autre libératrice et intense avec Andrea, qui au nom de tous mes neveux m'a longuement serré dans ses bras, dans l'atrium de la Farnesina, pour me faire sentir toute la charge d'affection accumulée dans l'attente et qui, enfin, pouvait se déverser dans ce cœur à cœur. Un bel accueil m'a été réservé à la porte de la maison par mon frère Angelo, à mon arrivée dans le village. « Bon retour Gigi » était écrit sur la bannière décorée par mes neveux et imprégnée de leurs larmes de bienvenue. Et en dernier dans l'ordre chronologique, j'ai serré dans mes bras mon frère Walter, de retour du Liberia où il est missionnaire. Je suis allé moi-même l'accueillir à l'aéroport de Milan Malpensa, au mois de mai 2021, pour laver de mes larmes son cœur blessé.

Ma communauté de la Société des Missions Africaine (SMA) m'a accueilli dans un élan de fraternité internationale. Madignano, mon village d'origine, et le diocèse de Crema ont fait sonner les cloches. Dans le village de Bomoanga, ils ont dansé de joie dans l'église. J'ai même reçu des messages et des témoignages d'amitié d'au-delà les frontières du Niger. Des confrères éparpillés dans toute l'Afrique et des missionnaires engagés sur différents continents m'ont fait sentir leur proximité. De très nombreux amis, mais aussi des personnes inconnues m'ont adressé des messages téléphoniques, des *e-mails* et des lettres manuscrites pour m'exprimer leur proximité de cœur et leur solidarité.

De chaleureuses embrassades qui ont été symbolisées à jamais par un tableau offert par une amie de Crema. Le Lazare évangélique, enturbanné de bandes blanches, embrasse ses sœurs Marthe et Marie après avoir émergé de la nuit du sépulcre. Les deux sœurs ont des visages qui veulent rappeler la peau foncée de l'Afrique et celle claire de l'Europe. Cette image est longtemps restée comme profil de mon nouveau téléphone portable en souvenir de cette grande et libératrice étreinte aux dimensions mondiales.

Ces effusions m'ont ému jusqu'aux larmes et ont ouvert mon cœur au récit du voyage intérieur effectué durant ces deux longues années de séquestration. J'ai commencé par répondre aux nombreuses questions et interviews par devoir de reconnaissance envers toutes les personnes qui ont suivi et accompagné mon histoire avec beaucoup d'anxiété et dans la prière.

Puis j'ai commencé à refuser les invitations, parce que je me suis aperçu que je n'étais pas prêt à cette immersion dans le monde de la parole. J'avais besoin de temps pour relire et reconstituer le vécu de ces années de non-liberté. Je me suis accordé trois mois de silence et de solitude, de janvier à Pâques 2021, pour retrouver le calme et mon état normal.

J'ai ainsi ressorti les quelques affaires que j'ai pu rapporter de la captivité : un anneau de la chaîne qui m'a retenu esclave, une croix que je m'étais fabriquée, le chapelet d'étoffe et quelques notes.

Le stylo et le premier carnet m'ont été donnés par les *moudjahidin* le 24 janvier 2019. Sur ces pages j'ai noté des dates et des mots clés qui m'ont aidé à me rappeler la période écoulée depuis l'enlèvement jusqu'à cette date.

En février 2019 j'ai reçu un autre carnet et j'ai commencé à rédiger mon journal de captivité. Dans un autre bloc-notes, j'ai rassemblé mes réflexions sur ce que je méditais et je l'ai rempli de mots croisés et de quiz que j'échangeais comme passe-temps avec mes compagnons d'infortune.

N'ayant plus d'encre, j'ai demandé d'autres stylos et carnets sur lesquels j'ai consigné mes notes d'étude du Coran et de la langue arabe. Mes dernières annotations, concernant la période qui m'a conduit à la libération, je les ai écrites sur un morceau de carton et sur l'étiquette d'une boîte de fruits au sirop.

Tel est le support matériel dont je me suis servi pour écrire ce livre. Des feuilles ont été froissées et trempées par la pluie, et sont ainsi devenues difficiles à déchiffrer même pour moi, mais très utiles pour fixer les dates et les instantanés de ces jours d'obscurité et d'espérance. Ces précieuses notes m'ont permis de relire cette expérience et servent d'ossature à ce récit.

J'ai entremêlé deux approches : l'une à caractère chronologique, l'autre d'introspection personnelle. Un carnet qui enregistre les jours et les mois qui se sont succédés avec monotonie et un journal qui rassemble confidences et réflexions sur ma quête de sens. En filigrane, on peut percevoir mon état d'âme qui, entre hauts et bas, a toujours été empreint de l'espérance d'une libération qui peinait à se concrétiser, mais qui, en moi, n'a jamais diminué.

J'ai écrit ces mémoires pour offrir à ma famille, *in primis*, tout ce que je désirais leur communiquer pendant ces 752 jours de captivité. Je suis en effet convaincu qu'ils ont souffert plus que moi.

J'ai aussi connu des jours sereins et de tranquillité. Grâce à la compagnie de Luca et de Nicola, j'ai déchargé la tension qui était en moi et j'ai partagé des moments de détente. Nous avons dédramatisé et plaisanté ensemble, mais je savais que ceux qui m'étaient chers marchaient sur des épines chaque jour. Je désirais pouvoir leur communiquer que je n'étais ni blessé ni malade. Je voulais les rassurer, les réconforter et les inviter à la patience.

La plus grande peine que j'ai vécue en ce temps de confinement a été double : ne pas pouvoir communiquer avec eux et ne pas avoir de perspective de fin devant moi. J'accueillais chaque jour comme un petit caillou qui alourdissait mon sac de voyage et en même temps, j'espérais qu'il soit un petit pas vers la fin de ce chemin que je n'avais pas choisi mais qui m'avait été imposé.

Je leur dédie ce livre ainsi qu'à tous ceux qui ont souffert avec moi et pour moi. Je ne peux oublier les autres otages[3] et leurs familles qui vivent cette souffrance et l'espérance de la libération de ceux

---

[3] Iulian Ghergut (Roumanie), enlevé le 4 avril 2015 à Tambao dans le nord du Burkina Faso. Arthur Kennet Elliott (Australie), enlevé le 15 janvier 2016 à Djibo dans le nord du Burkina Faso. Sr Gloria Cecilia Narvaez Argoti (Colombie), enlevée le 7 février 2016 à Karangasso au Mali (libérée le 9 octobre 2021). Jeffrey Woodke (USA), enlevé le 14 octobre 2016 à Abalak au Niger. Jörg Lange (Allemagne), enlevé le 11 avril 2018 à Ayorou au Niger. Christopher Bothma (Afrique du Sud), enlevé le 23 septembre 2018 à Inata au Burkina Faso. Joël Yougbaré (Burkina Faso), enlevé le 17 mars 2019 à Djibo au Burkina Faso. Olivier Dubois (France), enlevé à Gao le 4 avril 2021. Une famille de trois Italiens : Rocco Langone, sa femme Maria Donata et leur fils Giovanni de 43 ans, et un

qui leur sont chers. Que la chaleureuse étreinte de la liberté puisse bientôt réconforter leurs cœurs blessés.

Par ce « carnet de prison » je veux remercier du plus profond du cœur toutes les personnes qui ont espéré avec moi et tremblé pour moi. Vous m'avez soutenu et accompagné par tant d'affection et de prières... merci. Le retour à la liberté a été baigné de bien de larmes. C'est le cœur encore chargé d'émotion que je dis à tous mon immense MERCI !

---

citoyen Togolais qui vivait avec eux, enlevés le 19 mai 2022 à Koutiala (Mali).

*Mon hymne à la vie*

Prends le temps de penser,
parce que c'est la vraie force de l'homme.

Prends le temps de lire,
parce que c'est le vrai fondement de la sagesse.

Prends le temps de prier,
parce que c'est le plus grand pouvoir sur la terre.

Prends le temps de rire,
parce que le rire est la musique de l'âme.

Prends le temps de pardonner,
parce que le jour est trop court pour être égoïste.

Prends le temps d'aimer et d'être aimé,
parce que c'est le privilège donné par Dieu.

Prends le temps d'être aimable,
parce que c'est le chemin du bonheur.

Prends le temps de vivre !

*Pablo Neruda*

# DATES SIGNIFICATIVES

## 2018

17 septembre, nuit de l'enlèvement
23 septembre, en compagnie de deux otages venant d'être capturés, un Indien et un Sud-Africain
26 septembre, transfert au Mali
5 octobre, enchaîné à un petit arbre, nuit et jour, pendant 22 jours consécutifs
26 octobre, première nuit sur le sable du Sahara
28 octobre, première vidéo
4 novembre, au cœur des dunes de sable
9 novembre, sous la surveillance de 7 *moudjahidin*

## 2019

7 janvier, changement d'équipe et de lieu
13 mars, rencontre de Luca Tacchetto
1er mai, deuxième vidéo
12 mai, dans la vallée des vipères à cornes
17 juillet, voyage de sortie du Sahara de sable
28 juillet, prise en charge par Abou Naser
10 août, rencontre avec Nicola Chiacchio
13 août, troisième vidéo
11 septembre, tentative de fuite de Luca Tacchetto
17 septembre, enchaîné du coucher du soleil jusqu'à l'aube

## 2020

5 février, annonce de libération prochaine

3 mars, deux nouvelles vidéos
12 mars, fuite de Luca et Édith
24 mars, sixième vidéo
29 juin, nouveau changement de lieu
6 juillet, septième vidéo
28 juillet, dans la vallée des fourmis
9 août, huitième vidéo
18 août, coup d'état au Mali
11 septembre, neuvième vidéo
17 septembre, deux années de prison
6 octobre, début du voyage vers la libération
8 octobre, vol de Tessalit à Bamako
9 octobre, arrivée à Rome
10 octobre, quarantaine à Madignano

# FEUILLES DE LETTRES PERDUES DANS LE DÉSERT

## *Postface*
## *de M$^{gr}$ Daniele Gianotti, évêque de Crema*

Si nous avions pu nous mettre en contact avec toi, cher père Gigi, pendant les deux longues années que tu as passées dans le désert ; si nous avions pu te rejoindre ne serait-ce que par une feuille attachée à un ballon confié aux aléas du vent, ou de façon plus moderne par un message en mesure de traverser le bricolage technologique avec lequel Nicola et toi faisiez fonctionner la petite radio qui vous avait été donnée dans les derniers mois de captivité... que t'aurions-nous écrit ? Qu'aurions-nous tenté de te faire savoir ?

La réponse que je peux apporter, huit mois après ta libération, après avoir écouté tes récits et témoignages, après la lecture des pages dans lesquelles tu as reconstitué ton enlèvement et ta captivité, n'est évidemment pas celle que j'aurais donnée il y a un an ou deux. J'essaye cependant de t'envoyer quelques morceaux d'une sorte de « lettre dans le désert », qui tente de te dire ce que, spécialement dans la prière, nous aurions voulu te faire savoir, pour que tu te sentes moins seul, pour que tu saches déjà, et non pas seulement après le 8 octobre, que ceux qui te sont chers, tes compatriotes, ton église de Crema, tes confrères de la Société des Missions Africaines et beaucoup d'autres hommes et femmes, en Italie et dans le monde, n'ont jamais cessé un seul jour de prier pour toi, de se souvenir de toi, d'attendre avec confiance le jour de ta libération. Sache que cette lettre a été expédiée, et que ses feuilles volantes se trouvent encore quelque part au milieu des dunes du Sahara, ou que les contours de ses paroles volent dans l'immense ciel étoilé du désert, vers lequel tu élevais tes prières et auquel tu confiais ta soif de liberté.

### *Crema, un jour de brouillard*

Cher père Gigi,

Quelques semaines après ce 17 septembre 2018, jour où tu as été enlevé de ta paroisse de Bomoanga, ici à Crema nous sommes dans le brouillard. Oui, en automne la neige est une compagne habituelle de ce paysage que tu connais bien, puisque tu y es né : mais celui-ci est un brouillard différent, dans lequel nous ne savons nous déplacer. Qui t'a enlevé ? Pourquoi ? Où es-tu en ce moment ? Comment te traitent-ils ? Nous n'avons aucune réponse.

Je t'avais connu deux semaines avant la date fatidique, quelques jours avant que tu ne repartes pour Bomoanga. Tu étais venu me trouver avec ton frère, le P. Walter, et tu m'avais parlé de ta mission et du Niger. Je me rappelle que tu étais conscient de la complexité de la situation, mais non inquiet, serein au contraire et désireux de repartir, après la brève période passée en Italie. Et cela rend notre brouillard encore plus épais. Qui pouvait en avoir contre toi ? Quel bénéfice comptaient-ils tirer de ton enlèvement ? Dans ce brouillard, nous avons aussitôt commencé à prier pour toi. Je voudrais t'assurer, cher Gigi, que ta paroisse de Madignano, où vivent les familles de ta sœur Clementina et de ton frère Angelo, est admirable : chaque soir, elle se retrouve pour prier le chapelet pour toi. Sans doute imagine-t-elle que dans ta captivité la prière est pour toi aussi ce qu'il y a de plus accessible ; tes proches se rappellent que par ta maman tu avais appris les prières fondamentales du matin et du soir, que ta grand-mère t'avais transmis le rythme du chapelet…

Ces choses restent au plus profond de nous, et quand les autres soutiens quotidiens de la vie de foi d'un chrétien, d'un prêtre, diminuent, il nous est toujours possible de nous attacher à cette prière simple et contemplative.

*Crema, le 17 mai 2019*

Cher Gigi,

Les mois et les semaines passant, nous nous rendons compte d'une chose que peut-être nous devrions nous rappeler plus souvent. Il y a des situations face auxquelles nous sommes absolument impuissants. Comme si nous étions enchaînés. Nous nous demandons : comment sera-t-il gardé, le P. Gigi ? Pourra-t-il se mouvoir avec une certaine liberté ? Ou le gardent-ils attaché, enchaîné ?

Nous sommes libres, au moins du point de vue physique. Il m'est arrivé de dire, les mois derniers, à propos de ton histoire, que nous sommes libres, oui, mais enchaînés par bien d'autres contraintes, principalement celles de nos égoïsmes et de nos peurs, tandis que l'on peut être enchaîné physiquement, et pleinement libre d'esprit !

En tout cas, nous ne pouvons rien faire pour toi : nous sommes totalement inopérants. Et ceci nous fait redécouvrir la ressource de la prière. Notre impuissance nous apprend à nous confier davantage à Dieu, à mettre toute chose entre ses mains. Chaque fois que je célèbre la messe dans une paroisse, pour les confirmations ou pour tout autre raison, j'entends prier pour toi. Les premières semaines après ton enlèvement, il y a eu de nombreuses initiatives de prière, promues par différentes communautés.

Le 17 novembre 2018, deux mois après ton enlèvement, nous avons voulu donner un relief public, comme diocèse, à cette prière, par une marche à travers la ville de Crema, qui nous a conduits à la cathédrale. Nombreux sont ceux qui y ont participé, y compris certains de tes confrères de la SMA, venus de Gênes. Ton enlèvement a fortement consolidé le lien entre notre Église de Crema et ton institut missionnaire, un lien déjà solide par le biais de quelques habitants de Crema qui, comme toi, en font partie. Depuis, ce rendez-vous diocésain de prière se renouvelle le 17 de chaque mois. Ce soir, ils sont partis à pied de Madignano pour arriver au sanctuaire de la Madonna della Pallavicina, que je sais t'être très cher. Ils y ont participé nombreux, et tu peux être sûr que nous continuerons à nous y retrouver. Chaque fois, nous fixons le rendez-vous pour le mois suivant, toujours en répétant : espérons que la prochaine fois sera celle où nous pourrons faire la fête avec le P. Gigi libre !

Pourquoi n'avons-nous pas commencé ces rendez-vous mensuels trente jours après ton enlèvement, le 17 octobre ? Ah, cher Gigi... Nous espérions, nous avions l'illusion que ton histoire se résoudrait vite – et toi aussi, probablement, tu pensais cela. Mais je suis plein d'émerveillement en voyant que, si malheureusement les semaines et les mois s'écoulent sans nouvelles de toi, la prière pour toi, dans le diocèse, continue inlassablement. La découverte de notre impuissance nous apprend aussi à regarder avec plus d'attention ceux qui, comme toi, sont privés de liberté à cause de leur foi ou de leur engagement pour la promotion humaine. Ce soir du 17 novembre, nous avons traversé la ville en rappelant et en répétant les noms d'autres chrétiens – prêtres, laïcs, hommes et femmes consacrés – que nous savions être sous séquestre partout dans le monde ; nous avons aussi cité les victimes innocentes, anonymes, inconnues.

Je crois que cela te ferait plaisir de savoir qu'à nos rendez-vous de prière pour toi, nous rappelons et confions toujours à Dieu tous ceux et celles qui vivent ta situation, et que notre désir est que vous puissiez tous retrouver bientôt la liberté.

*Crema, 21 octobre 2019*

Cher Gigi,

J'ai l'illusion que cette lettre pourra un jour te rejoindre, arriver là où tu es, nous ne savons pas où. J'aurais voulu te transmettre avant tout à toi, missionnaire de Crema, une belle nouvelle : le 19 mars de cette année, le martyre du père Alfredo Cremonesi, tué en Birmanie le 7 février 1953, a été officiellement reconnu. Il est remarquable que le premier bienheureux officiellement reconnu de notre petit diocèse soit un missionnaire, comme toi ! En le communiquant au diocèse, en ce jour, j'ai écrit ceci : nous demandons « encore une fois à Dieu, par l'intercession du P. Alfredo, la grâce de la libération de notre cher P. Gigi Maccalli ». Oui, je t'assure que la prière qu'aussitôt et toujours, j'ai confiée à l'intercession du bienheureux Alfredo, était pour la grâce de ta libération. Dans les mois qui ont suivi l'annonce, nous avons été très pris par la préparation de la béatification : nous voulions qu'elle ait lieu si possible à l'occasion de la Journée Missionnaire Mondiale de 2019, aussi parce que le pape François avait établi que le mois d'octobre de cette année serait un mois missionnaire « extraordinaire », en raison du centième anniversaire de la fondation des Œuvres Pontificales Missionnaires. Pour nous préparer à ce don, le 17 septembre, un an après ton enlèvement, j'ai osé faire une proposition un peu plus engageante : un pèlerinage à pieds, au départ de la maison natale du bienheureux Alfredo à Ripalta Guerina, en passant par plusieurs lieux significatifs de sa vie, pour arriver jusqu'à la cathédrale de Crema; pour demander aussi de cette façon le don de ta libération et de celle des autres otages, pour demander à Dieu la conversion des ravisseurs, pour entretenir le feu de la mission de notre Église. Et quand, il y a deux jours, nous avons célébré la grande et belle fête de la béatification, priant encore une fois pour toi, je n'ai pas hésité à dire que le bienheureux Alfredo pourrait être plus rapidement canonisé en obtenant pour nous le miracle de ta libération! Nous prierons pour toi en février prochain aussi en allant, pèlerins, sur les lieux du martyre du bienheureux Alfredo au Myanmar : si tu n'es pas encore libéré à cette date, nous ferons pression sur le bienheureux Alfredo, pour que Dieu nous accorde cette grâce tant désirée.

*Crema, lundi 6 avril 2020*

Cher P. Gigi,

Quelle émotion de voir circuler depuis ce matin une vidéo dans laquelle on te voit avec un autre otage, Nicola, en plein désert et en plein vent, dire vos noms et la date du 24 mars 2020, jour anniversaire du martyr de saint Oscar Romero et où l'on fait mémoire des missionnaires martyrs !

La Semaine Sainte s'ouvre avec une lueur d'espérance... Nous souhaitons que la circulation de cette vidéo ne créera pas de problèmes pour les opérations qui devraient conduire à votre libération.

*Crema, Dimanche de Pâques, 12 avril 2020*

Cher P. Gigi, Joyeuses Pâques !

Si tu savais comme nous vivons ce dimanche de Pâques... Ce serait bien sûr plus important pour nous de savoir comment tu le vis toi ; et comment tu as vécu Pâques l'année dernière, ainsi que les deux fêtes de Noël comme prisonnier, de même que les autres grands rendez-vous de notre foi. Nous ne savons rien, sinon une chose : tu es vivant ! À dire vrai, je crois que très peu le pensaient avec certitude, avant que la vidéo ne circule il y a quelques jours. Je crois que quelques-uns commençaient à en douter. J'avais l'avantage d'une information qui m'était arrivée début mars, mais j'avais l'obligation d'une absolue discrétion. Je n'en ai parlé à personne, pas même à ta sœur Clementina, qui quelques jours auparavant m'avait dit avoir reçu un coup de téléphone consolant et paternel du pape François. Savoir que tu es vivant, que certains s'efforcent d'obtenir ta libération, a été un filet de lumière et un souffle d'air frais à un moment extrêmement difficile. Je ne sais si tu es au courant de la pandémie qui, partie de la Chine, frappe le monde entier. Ce qui est certain, c'est qu'en Italie l'incendie a pris la route de Codogno, à vingt kilomètres de Crema, et s'est rapidement propagé, avec une violence dramatique, surtout dans cette partie centrale de la Lombardie : les provinces de Bergame, Brescia, Crémone, Lodi… Et nous sommes précisément au centre de cette région ! Quelques jours avant le début du carême, fin février, nous avons cessé de célébrer la messe en présence des fidèles ; une grande partie des activités de nos paroisses ont été entièrement arrêtées, les oratoires fermés, le catéchisme suspendu, les célébrations des sacrements ajournées pendant que le nombre des malades augmentait à vitesse vertigineuse, que les hôpitaux croulaient, que dans de nombreux pays le nombre de morts grandissait de jour en jour à des rythmes jamais vus. Et aujourd'hui encore, dimanche de Pâques, les églises sont restées désertes, nous avons transmis, quand c'était possible, les célébrations de la Semaine Sainte en streaming, et on ne voit pas encore comment nous nous en sortirons. En mars, nous avons dû aussi suspendre notre habituelle marche du 17 du mois, mais nous n'avons pas pour autant cessé de prier pour toi : de la cathédrale, nous avons prié, avec la participation spirituelle de tout le diocèse. Pendant ces difficiles semaines, j'ai souvent pensé à toi et à ceux qui n'arrivaient pas à accepter l'impossibilité de participer à la messe, de recevoir la communion. Il m'est arrivé de dire : d'après ce que nous savons, le P. Gigi ne peut plus célébrer la messe depuis presque un an et demi, est isolé des siens, n'a probablement même pas un texte de l'Évangile, ou la Bible et pourtant nous sommes convaincus que sa foi n'a pas diminué, qu'il continue à prier, à être prêtre et missionnaire ! Essayons de nous sentir un peu en communion avec lui, et à faire de cette situation de privation une occasion de renforcer notre foi, dans l'abandon confiant à Dieu, dans la prière personnelle ou en famille. Je ne sais ce qu'il en est pour les autres, mais pour moi, en ces mois dramatiques, cela m'a beaucoup soutenu de penser à toi, à ta situation, et de sentir que, pour différentes raisons, nous traversions ensemble une épreuve difficile qui pouvait être un chemin de croissance pour notre foi et au service de ceux qui nous sont confiés. Joyeuses Pâques ! Le Seigneur Jésus est vraiment ressuscité, et il vient nous relever nous aussi, dans nos déserts et nos tribulations, pour faire de nous un peuple pascal.

*Crema, 6 octobre 2020*

Cher P. Gigi,

Il y a trois jours le pape François, à Assise, a signé sa troisième encyclique, qui commence par les mots *Fratelli tutti*. J'ai pu lire très rapidement le texte, qui est assez long ; et je me suis dit que le Pape, en partant du cœur de l'Évangile, regardait très loin. Jusqu'où, je ne saurais dire : peut-être nous faudra-t-il encore du temps, beaucoup de temps, avant que ce rêve de fraternité, enraciné dans la Pâque de Jésus, ne se réalise.

Je me suis demandé : que pensera de ce rêve le P. Gigi, depuis plus de deux ans désormais aux mains de ses ravisseurs ? Peut-être que lui précisément en mesure toute l'ampleur, qui semble le rendre impossible ; à moins qu'au contraire, lui, victime innocente d'intrigues que nous avons du mal à comprendre, ne fasse les pas de fraternité dont nous avons besoin... C'est souvent ceux qui ont les mains liées qui sont capables de secouer ce qui semble immobile. Du reste, nous chrétiens, ne fondons-nous pas toute notre espérance sur une victime innocente, qui a été capturée, liée et portée sur la croix comme un malfaiteur ? Mais il y a aussi une nouvelle urgente, que j'ai hâte de te dire. Nous avons appris par les médias, ces jours-ci, que cela bougeait au Mali : on a parlé de la libération d'un nombre important de prisonniers, et nous avons de plus en plus l'impression que la situation évolue rapidement. Cette fois serait-elle la bonne pour toi aussi ? Quant à nous, nous espérons et continuons à prier... et nous nous préparons à faire sonner toutes les cloches de nos églises, pour saluer ta libération.

# TABLE DES MATIÈRES

Achevé d'imprimer en septembre 2022
sur les presses de la Nouvelle Imprimerie Laballery
58500 Clamecy
Dépôt légal : septembre 2022
Numéro d'impression : 209031

*Imprimé en France*

La Nouvelle Imprimerie Laballery est titulaire de la marque Imprim'Vert®